MARCO POLO

ELSASS

MARCO POLO AUTOR

Pascal Cames

Der Autor und Journalist Pascal Cames wollte schon immer einmal den elsässischen Zeichner Tomi Ungerer persönlich treffen, leider klappte es nie. Doch MARCO POLO sei Dank, als Pascal Cames in der Straßburger *Winstub* „Chez Yvonne" saß, kam ein älterer Herr mit krummer, selbst gedrehter Zigarette im Mund auf ihn zu. „Sie kenne ich doch!"

DIE TOUREN-APP

zu den Erlebnistouren zeigt, wo's langgeht: inklusive Tourenverlauf und Offline-Karte

EVENTS & NEWS

Schnell die wichtigsten Infos auf dem Smartphone: Events, News, neue Insider-Tipps und ggf. aktualisierte Erlebnistouren als PDF zum Downloaden

SYMBOLE

- INSIDER TIPP Insider-Tipp
- ★ Highlight
- ●●●● Best of ...
- Schöne Aussicht
- Grün & fair: für ökologische oder faire Aspekte
- (*) kostenpflichtige Telefonnummer

PREISKATEGORIEN HOTELS

€€€	über 120 Euro
€€	80–120 Euro
€	unter 80 Euro

Die Preise gelten pro Nacht für zwei Personen im Doppelzimmer ohne Frühstück

PREISKATEGORIEN RESTAURANTS

€€€	über 40 Euro
€€	25–40 Euro
€	unter 25 Euro

Preise für ein Dreigängemenü ohne Getränke. Mittags gibt es häufig ein günstigeres Menü

GUT ZU WISSEN
Geschichtstabelle → S. 14
Ein „Gutmensch“ im besten Sinn → S. 22
Spezialitäten → S. 28
Mit Keller aus dem Keller → S. 58
Transhumance – Almauftrieb → S. 69
Ein Land im Weihnachtsrausch → S. 74
Lesehunger & Augenfutter → S. 85
Feiertage → S. 113

KARTEN IM BAND
(126 A1) Seitenzahlen und Koordinaten verweisen auf den Reiseatlas
(U A1) Koordinaten für die Karte von Straßburg im hinteren Umschlag
(0) Ort/Adresse liegt außerhalb des Kartenausschnitts

Es sind auch die Objekte mit Koordinaten versehen, die nicht im Reiseatlas stehen

(A–B 2–3) verweist auf die herausnehmbare Faltkarte
(a–b 2–3) verweist auf die Zusatzkarte auf der Faltkartenrückseite

UMSCHLAG VORN:
Die wichtigsten Highlights

UMSCHLAG HINTEN:
Cityplan Straßburg

INSIDER TIPP Fisch vom Feinsten

Wer im Sundgau Ferien macht, muss frittierten Karpfen probieren. Die besten Restaurants liegen alle an den *Routes de la Carpe Frite* → S. 86

INSIDER TIPP Ganz in Weiß

Hier ein Glas Wein, dort was zum Schnabulieren: Beim *Slowup* radeln Sie zwar nicht allein, dafür aber von Genussstopp zu Genussstopp auf der Elsässer Weinstraße. Einzige Voraussetzung ist weiße Kleidung → S. 106

INSIDER TIPP Merci, Seppi!

Bei Winzer *Seppi Landmann* in Soultzmatt trifft sich jeden Herbst die Welt im Weinberg. Bei der Ernte mithelfen und Freunde fürs Leben finden! → S. 87

INSIDER TIPP Schlafen im Baumhaus

In *Aubure* würden Sie am liebsten ganze Tage in den Bäumen verbringen. Kein Wunder bei dieser Fernsicht! → S. 67

INSIDER TIPP Wo sind die kleinen Stinker?

Über Münsterkäse (Foto o.) gibt es viel zu erzählen: welche Kühe ihre Milch dafür geben, wo sie grasen und wie der Käse gemacht wird. In der *Maison du Fromage* in Munster werden Sie zum Kenner. Am Ende wissen Sie: Nicht jeder Munster stinkt → S. 67

INSIDER TIPP Lernen, wie man lernt

Im *Oberlin-Museum* in Waldersbach entdecken Sie mit Johann Friedrich Oberlin einen Pädagogen, Sammler und Sozialreformer, der vor 200 Jahren Geschichte schrieb und dessen Ideen immer noch aktuell sind → S. 71

INSIDER TIPP Des Kaisers neue Bauten

Im Deutschen Viertel, *la Neustadt* genannt, entdecken Sie Straßburgs „Klein Berlin", das in der Kaiserzeit Ende des 19. Jhs. gebaut wurde. Jugendstil- und Gründerzeitbauten sind in dieser Häufung geradezu einmalig → S. 50

INSIDER TIPP Summer in the City.
Eine laue Sommernacht? Da wollen alle zur *Place Marché Gayot* – Sie auch! → S. 57

INSIDER TIPP Trash und Antiquitäten
Auf einem der unzähligen *Flohmärkte* (Foto u.), die jeden Sonntag stattfinden, erleben Sie, wie das Elsass tickt. Bestimmt finden Sie was Hübsches, wenn nicht hier, dann dort, garantiert aber im August in Wasselonne → S. 112

INSIDER TIPP Kleiner, feiner Markt
Auf dem Wissembourger Samstagsmarkt gibt es köstlichen *Kartoffelkuchen* und vieles mehr zu entdecken → S. 42

INSIDER TIPP Eine Welt für sich
Die Geister, die man rief, kriegt man hier nicht mehr raus: Das in einem Wasserturm installierte *Château Musée Vodou* in Straßburg zeigt, dass „aus den Augen, aus dem Sinn" für die Ahnen nicht gilt, zumindest nicht in Westafrika → S. 47

INSIDER TIPP Genuss ganz groß
In der Straßburger *Grand'Rue* köchelt das junge Elsass regional, saisonal und global. Jede Menge coole Kneipen und Bistros! → S. 52

INSIDER TIPP Natur pur
Mehrere Monate im Jahr heißt es im Naturschutzgebiet *Sauerdelta* Land unter. Im nordöstlichsten Zipfel des Elsass wächst der Dschungel in den Rheinauen wie eh und je – wunderbar! → S. 43

INSIDER TIPP Kann man so wohnen?
Die *in den Sandstein geschlagenen Behausungen* in Graufthal hatten null Komfort und fließend Wasser nur auf dem Steinboden, wenn es regnet. Die Bewohner wurden trotzdem steinalt → S. 39

INSIDER TIPP Der Schönheit ein Museum
Das *Lalique-Museum* in Wingen würdigt den Glaskünstler René Lalique, einen der großen Frauenversteher Frankreichs → S. 41

BEST OF ...

TOLLE ORTE ZUM NULLTARIF

Neues entdecken und den Geldbeutel schonen

SPAREN

Ein Museum zur Geschichte in Mulhouse

Im Elsass erleben Sie auf Schritt und Tritt Geschichte. Warum gibt es in Mülhausen eine Wilhelm-Tell-Straße? Die Antwort finden Sie im *Musée Historique.* Und viele andere interessante Dinge zur Stadtgeschichte auch. Gratis! → S. 86

Wanderung zum Wein

Jeder Weinberg ist anders: der Boden, die Himmelsrichtung, die Rebsorten ... Wer einmal mit einem Winzer durch den Weinberg wandert, genießt die Tropfen bei der anschließenden Weinprobe umso mehr. Gönnen Sie sich dieses Vergnügen, das Sie im Sommer jeden Samstag kostenlos erleben können – in *Eguisheim,* einem der schönsten Dörfer Frankreichs (Foto) → S. 70

Sand und Sonne

Tretbootfahren oder Sonnenbaden? Beides kostet nichts an Straßburgs neuestem Hotspot für Sonnenanbeter und Lebensgenießer, der *Presqu'île Malraux* → S. 56

Stadtbesichtigung mit Nachtwächter

Aus alter Zeit stammt der Nachtwächter, der über die Stadt wacht. In *Turckheim* nimmt Sie dieser in historische Gewänder gekleidete Mann mit auf seine nächtliche Runde – und das ganz ohne Wegegeld → S. 70

Radeln in Haguenau

Kleines Geld, großer Radius: Okay, 3 Euro sind nicht „Nulltarif", aber als Mietgebühr für einen ganzen Tag doch fast geschenkt. Einer Stadt- oder Landpartie mit dem Citybike oder bei 2 Euro mehr sogar mit dem E-Bike steht nichts im Weg → S. 36

Filmnächte im Park

Im Juli und August werden jeden Donnerstag im Parc Salvatore in Mulhouse Filme gezeigt. Das Programm der *Jeudis du Parc* wechselt wöchentlich → S. 79

Diese Punkte zeichnen in den folgenden Kapiteln die Bestof-Hinweise aus

TYPISCH ELSASS

Das erleben Sie nur hier

Elsässer Leibspeise

Kalorien zählen gilt nicht! Der dünne, knusprige *Flammkuchen* ist das elsässische Gericht schlechthin. Im L'Aigle in Pfulgriesheim genießen Sie die vielleicht besten. Zwei Sorten, mit Käse und ohne – das reicht. Danach hilft Tee gegen Völlegefühle ... → S. 51

Blumenkorso

Corsos fleuris, Blumenumzüge, gehören zu den großen Sommerspektakeln im Elsass. In Sélestat treibt man es am zweiten Wochenende im August besonders bunt: Eine halbe Million Dahlien schmücken die Motivwagen, die einmal am Tag und einmal in der Nacht durch die Stadt gezogen werden. Ein Fest mit Straßentheater, Musik und gutem Essen (Foto) → S. 112

Auf der Ill mit dem Flussschiffer

Wenn einer texten kann, dann er. *Patrick Unterstock* ist der grüne Münchhausen aus dem Grand Ried. Der letzte Flussschiffer auf der Ill wird Ihnen so einiges über die Natur der Feuchtgebiete erzählen – und ein paar Flunkereien auch → S. 72

Mundarttheater

Auch wenn der Dialekt lustig klingt, die Elsässer Mundartbühnen können viel mehr als nur Schwänke. Eine der besten Bühnen des elsässischen Theaters ist *La Choucrouterie* in Straßburg, wo Sie zur Kultur auch das namengebende Sauerkraut genießen können → S. 57

Das Menü zur Wanderung

Wer wandert, braucht Stärkung. Nichts wird Ihnen in den Hochvogesen besser schmecken als ein deftiges *Melkermenü* mit *schiffala* und *roigebrageldi,* zum Beispiel in der Ferme Auberge du Treh. Dem Himmel so nah ... → S. 84

Kulinarische Feste

Für eine zünftige *fête* gibt es immer einen Grund, ob es nun die Kirschen, die Mirabellen oder das Sauerkraut sind. Stilecht wird es mit Blasmusik, Folkloretänzen, Umzug, Bauernmarkt und Samstagabendschwof im Festzelt bei der *Foire de la Choucroute* in Krautergersheim → S. 113

TYPISCH

BEST OF …

SCHÖN, AUCH WENN ES REGNET

Aktivitäten, die Laune machen

In der Silbermine

Kaum vorstellbar, wie auf engstem Raum für ein paar Gramm Silber geschuftet wurde. Heute können Sie in der *Val d'Argent* die alten Stollen erkunden → S. 75

Eine ruhige Kugel schieben

Statt „alle Neune" muss man beim Bowling gleich zehn Kugeln abräumen. Auch wenn Sie nicht so richtig wissen, wie's geht – macht nichts! In Straßburgs *Bowling de l'Orangerie* können Sie einfach schauen, wie's die anderen machen, und das Wetter vergessen → S. 55

Das größte Hallenbad im Elsass

Die Kinder planschen, die Erwachsenen saunieren oder fläzen sich im Whirlpool: Das *L'O Espace Aquatique* in Obernai hat für Fun und Wellness genügend Platz. Aus einem Becken können Sie sogar ins Freie schwimmen. Wassertemperatur: 28 Grad. Macht am meisten Spaß, wenn's regnet! → S. 74

Drei Museen und eine Weinstube

Ein Schloss mit drei Museen und einer Galerie: Im Straßburger *Palais des Rohan* (Foto), wo früher der Fürstbischof residierte, wird Ihnen garantiert nicht langweilig. Dort (lust-)wandeln Sie durch den Prunk vergangener Zeiten – und danach ab in die *Winstub* … → S. 50

Unterirdische Festung

Gleich nach dem Ersten Weltkrieg ahnten die Franzosen, dass der Friede nicht von Dauer sein würde, und bauten die *Ouvrage de Schœnenbourg.* Staunen Sie über die Infrastruktur einer kompletten Stadt! → S. 43

In der Schatzkammer

Adel verpflichtet, Großbürgertum auch: In Barr entdecken Sie im *Musée de la Folie Marco* den Luxus alter Zeiten. Und falls es länger regnet: Praktischerweise gibt es im Keller ein Restaurant → S. 71

REGEN

ENTSPANNT ZURÜCKLEHNEN

Durchatmen, genießen und verwöhnen lassen

ENTSPANNT

Kaffee und Kuchen

Während Ströme von Touristen von dahin nach dorthin ziehen, Feuerschlucker ihre heiße Show geben und Gitarristen klampfen, sitzen Sie im Straßburger *Maison Kammerzell* bei Kaffee und Kuchen, freuen sich über das Schauspiel auf dem Kathedralvorplatz und lassen die Welt an sich vorüberziehen → S. 48

Römische Bäder

Nach Shopping und Museen ab in den Stand-by-Modus in Mülhausens *Piscine Pierre et Marie Curie.* Eine Runde schwimmen, danach verschiedene Dampfbäder ausprobieren und am Ende noch ein Nickerchen halten → S. 81

Ein Platz an der Sonne

In die Sonne blinzeln, Wolken zählen und die Fernsicht genießen, danach Spaziergang mit Weinprobe: So geht Wellness auf dem *Sonnenberg* bei Nordheim → S. 59

Tief durchatmen im Kreuzgang

Keine fünf Minuten weg von Straßburgs Place Kléber und doch in einer anderen Welt: Im Kreuzgang der *Église Saint-Pierre-le-Jeune* können Sie sich prima vom Lärm der Stadt erholen. Wenn Sie Muße haben, schauen Sie sich noch die Fresken an. Ansonsten: einfach durchatmen und die Stille genießen (Foto) → S. 51

Schwimmen im Weinkeller

Der Spa des neuen Luxusdomizils *5 Terres* in Barr ist klein, aber fein. Der Clou ist das Schwimmbad, das hier im Gewölbe des historischen Weinkellers eingerichtet wurde → S. 72

Biohotel

Das *La Clairière* in La Petite-Pierre in den Nordvogesen setzt Maßstäbe mit Spa, Yoga und geführten Kräuterwanderungen. Hier sind Sie wirklich mittendrin statt nur dabei, wenn Sie mal einen elsässischen Indian Summer mit allen Sinnen erleben möchten! → S. 40

AUFTAKT

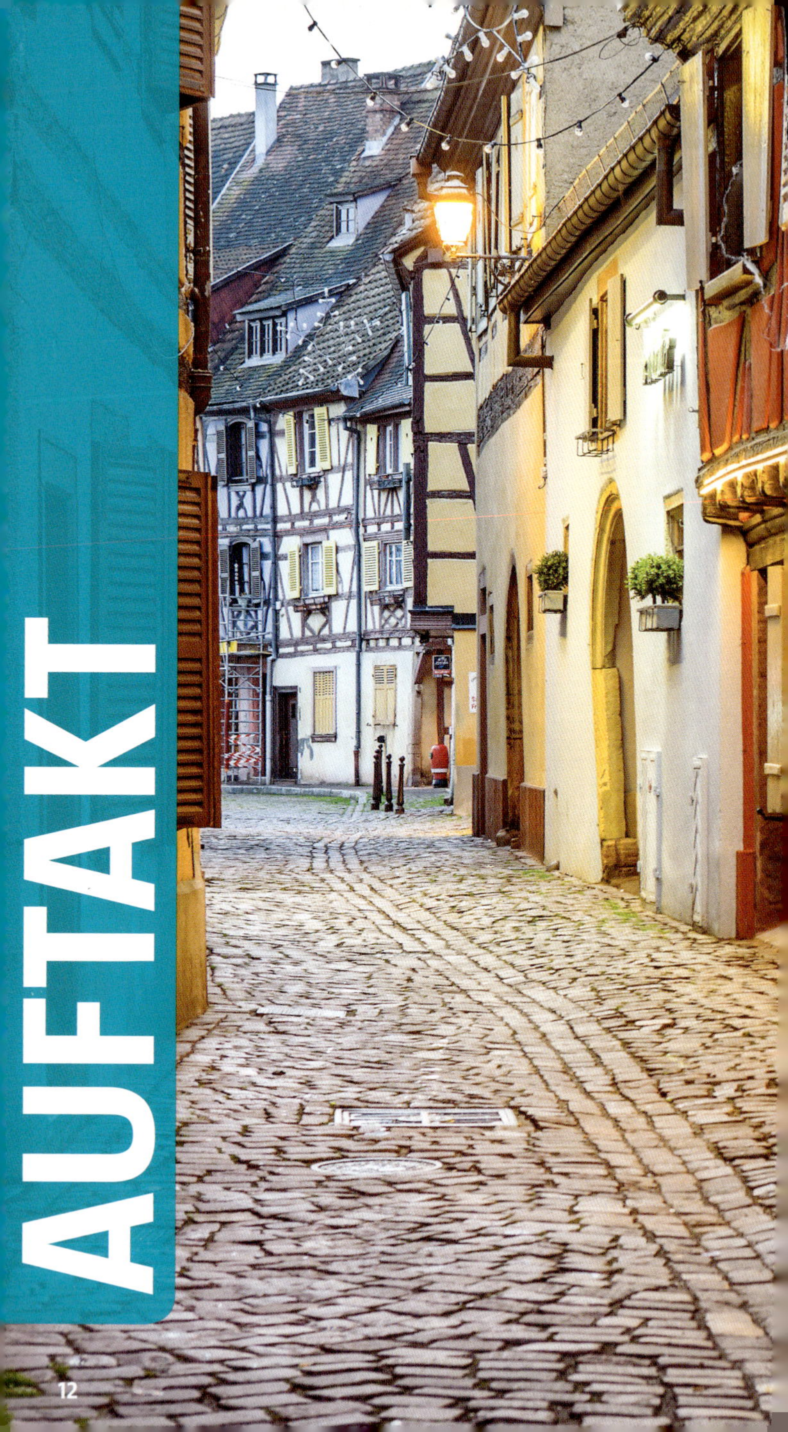

ENTDECKEN SIE DAS ELSASS!

Ein Downhill-Biker in den Hochvogesen, viel zu schnell. Ein TGV auf gerader Strecke, 320 Kilometer in der Stunde. Mann und Frau auf einem Hausboot, Schritttempo. Samstagnachmittag in Mulhouse, Colmar, Straßburg: kreuz und quer Bewegung auf der Grand'Rue. Das Elsass ist ein Land mit vielen Geschwindigkeiten. Sprachen früher bäuerlicher Charme, Weinstraße und „***Leben wie Gott in Frankreich***" für Ferien im Elsass, so gibt es heute ein paar Argumente mehr.

Auf nur 8280 km^2 finden sich nicht nur die bekannten Trümpfe Straßburger Münster und Isenheimer Altar, Elsässer Küche und Weinkeller, Musik- und Theaterfestivals, sondern auch die zwei großen ***Naturschutzgebiete*** der Ballons des Vosges und der Vosges du Nord sowie das grenzüberschreitende Biosphärenreservat Pfälzerwald-Vosges du Nord und vielfältige Biotope wie Feuchtwiesen und Rheinauen.

Diese ziehen sich wie ein grünes Band von Basel flussabwärts. Hier im Grand Ried zwischen Rhein und Ill geht alles noch seinen langsamen Fluss. Kanuten trifft man hier, Angler auch, Wanderer, die mit Fotoapparat und Fernglas ***Eisvogel und Biber*** beobachten, und im Frühjahr Bärlauchfans. Sogar ein Flussschiffer wartet hier auf Gäste. Mit seinen Alleen ist das flache Land ideal für Fahrradtouren – ebenso wie der

Bild: Altstadt von Colmar

Architektur im Dienst des Individuums: Europäischer Gerichtshof für Menschenrechte in Straßburg

hügelige Sundgau im Süden und das „Krumme" Elsass Alsace Bossue im Nordwesten, zwei **verträumte Landschaften**, die eine Reise wert sind.

Für Pedalisten um einiges kniffliger sind da schon die Vogesen, ein Höhepunkt des elsässischen Tourismus im Wortsinn mit Burgen, Gipfeln, Schluchten. Der Vogesenclub hat sie mit **19 000 km Wanderwegen** erschlossen. Daneben gibt es immer mehr Pisten für die *VTT,* also die Mountainbiker. Die Vogesen bieten jedem was: Skifahrer, Schneeschuhläufer, Kletterer, Drachenflieger, Pilzsammler und Motorradfahrer finden hier ihr Terrain, sogar mit alpinem Charakter. Der höchste Berg, der Grand Ballon, misst 1424 m. Trotz Skizirkus rund ums Hohneck ist die Bergwelt immer noch authentisch, auch weil die Bergler nach wie vor Kühe hüten, Käse machen und ihre *fermes auberges,* ihre **Bergbauernhöfe mit rustikalen Spezialitäten**, in Schuss halten.

600 v. Chr.
Kelten siedeln im Elsass

58 v. Chr.
Die Römer erobern Gallien, das Elsass wird Teil der Provinz Germania Superior

5. Jh.
Völkerwanderung, die Römer gehen, die Alemannen kommen. Erstmals wird der Begriff „Elsass" erwähnt

7./8. Jh.
Elsässisches Herzogtum, relative Selbstständigkeit im Frankenreich

962
Das Elsass wird Teil des Heiligen Römischen Reichs Deutscher Nation; Burgenbau der Staufer

Wesentlich anmutiger und sonniger ist es in der Vorbergzone. Hier wächst der berühmte elsässische ***Riesling*** und hier wird deftig aufgetischt. Jedes Weindorf ist ein Geschenk fürs Auge. Stadtmauern, Türme, Erker, Fachwerk, Höfe und Brunnen sind der Stoff, aus dem die Elsassträume gewebt sind. ***Tomi Ungerer*** holte sich hier die Inspiration für sein berühmtes „Liederbuch". Dazu die Geranien. Ja, ein bisschen *le kitsch* gehört dazu. Die 170 km lange Route des Vins d'Alsace ist Pflichtprogramm und typisch fürs Elsass. Es gibt aber auch eine Käsestraße, eine Straße des frittierten Karpfens und auch eine Schokoladenstraße, die im Norden ihren Anfang nimmt. Hier sind die Dörfer etwas weniger putzig – der Wein fehlt –, aber dafür gibt es hier viele Höfe, die nicht nur Kühe auf der Weide haben, sondern auch Pferde auf der Koppel und ***Ferien für die ganze Familie*** anbieten.

Nur 190 km misst das Elsass von Nord nach Süd und keine 50 km vom Rhein im Osten bis zur Kammlinie der Vogesen im Westen. 1,8 Mio. Menschen leben in den beiden Departements Haut-Rhin im Süden und Bas-Rhin im Norden, die meisten davon in den drei großen Städten.

Burgen und Vogesengipfel, Fachwerk und Weindörfer

Diese haben alle ihren ganz eigenen Charakter, sind großbürgerlich (Colmar), industriell (Mulhouse) oder multikulturell-europäisch (Straßburg) geprägt. Touristisch ist das kleine Ländchen eine Großmacht: 24 Mio. Übernachtungen werden pro Jahr gezählt – was nicht verwundert angesichts der Menge all der schönen Orte im Elsass.

- **1523/1524** Reformation in Straßburg und dem übrigen Elsass
- **1648–1681** Mit Ludwig XIV. übernimmt Frankreich die Herrschaft
- **1789/1792** Französische Revolution, Rouget de Lisle komponiert in Straßburg die Marseillaise
- **1870/71** Nach der Niederlage Frankreichs im Preußisch-Französischen Krieg wandern 50 000 Elsässer nach Frankreich aus. Das „Reichsland Elsass-Lothringen" gehört nun zum Deutschen Reich
- **1914–1918** Elsässer kämpfen im Ersten Weltkrieg auf beiden Seiten

ND

Sommermärchen

Genusshandwerker *Sommermärik* bedeutet zwar Sommermarkt, klingt aber auch ein bisschen wie Sommermärchen – was es auch ist: Kleine Winzerdörfer wie Mittelbergheim, Epfig und Dambach-la-Ville laden im Juli und … mal in der Woche zu einem *marché du terroir* … Brot- und Flammkuchenbä- … usshandwer-

smart durch Straßburg – und bis direkt vors Münster

gemacht. Schon immer war das Elsass … hier, die Römer gründeten Argento- … erwanderung übers Land und zer-

… ßen Sie die zwei … n mit all ihren … üchen

… sen, die Nazis, bis … t endlich reif für

… t, wird in … ür einen … ppern … ines … en

Dass die Zahl der wunderbar erhaltenen Dörfer und Städtchen so groß ist, dafür gibt es mehrere Gründe. Zum einen liegt es an der Mentalität: Die Elsässer sind konservativ, sie bewahren gerne, auch wenn sie wie Pop-Art-Künstler ihre Häuser bunt streichen. Das Dorf, das Essen, der Dialekt und die Feste, für die es immer einen guten Grund gibt, stehen hoch im Kurs. Die ***Heimatverbundenheit*** äußert sich auch im gemeinsamen Anpacken. Elsässer gründen Vereine, um Gärten anzulegen, Dorfmuseen mit altem Werkzeug zu bestücken oder irgendwo im Wald eine Wanderhütte zu bauen oder zu renovieren – und auch coole Clubs nennen sich *Winstub*. Es waren aber noch weitere Gründe, die halfen, diesen schönen Flecken Erde zu bewahren: Die Randlage des Elsass und der französische Zentralismus ließen Frankreichs Osten lange auf sein Wirtschaftswunder warten – zum Glück: Aus Kleingeld werden eben keine großen Bausünden.

Auch coole Clubs nennen sich *Winstub*

Auch in den Städten gibt es die Liebe zur Tradition. Das ehemalige Gerberviertel Petite Venise in Colmar, das man liebevoll ***„Klein Venedig“*** nennt, ist das Kleinod der Stadt. Aber bei aller Traditionsverbundenheit sind die Städte(r) auch unruhig – wie überall. Kulturell wird einiges geboten, ob Rock, Pop oder klassische Musik, ob Film-, Tanz- oder Theaterfestival. Die Kultur hat hier viele Bühnen und Häuser, die selbstverständlich international und grenzüberschreitend arbeiten. In Straßburg wächst zwischen Altstadt und Rhein ein neues Viertel, im Dreiländereck plant man auf einer Insel einen ***trinationalen Stadtteil*** der Städte Basel, Weil und Huningue. Schweizer, Deutsche und Franzosen sollen dort Tür an Tür wohnen.

Und wo sonst gibt es so viele Geschäfte, die mit „Euro“ werben – Europizza, Euroauto, Euroburger – wie in Straßburg? Kaum verwunderlich, dass die ***Europastadt*** in Sachen „L'Europe“ klotzt. Das europäische Haus ist im Elsass gut gebaut, man sagt ein großes Ja zu Europa – aber auch manchmal ein Nein zu allem Fremden. In Zeiten des Globalisierung schlägt sich die Angst vor dem Neuen in unschönen Wahlerfolgen ausländerfeindlicher Parteien nieder.

Auch die manchmal schillernde Identität, was es denn genau heißt, ein Elsässer zu sein, und die bewegte Geschichte der Region werden für den relativen Erfolg rechter

- **1919** Das Elsass wird erneut französisch, 300 000 Menschen müssen das Land verlassen
- **1940–1944** Nazideutschland besetzt das Elsass, 32 000 Opfer
- **1949/1952** Straßburg wird Sitz des Europarats und Hauptsitz des Europäischen Parlaments
- **2016** Neugliederung der französischen Regionen, das Elsass wird Teil der Region Grand Est (Hauptstadt: Straßburg)
- **2018** Auch die Regierung Macron will das AKW Fessenheim am Rhein abschalten, Termin wie immer offen

Im Elsass gibt es viel Neues zu entdecken. Das Spannendste auf diesen Seiten

Le Stück

4

Fair handeln Jetzt wird alles besser! Weil man mit Regionalgeld angeblich die lokale Wirtschaft stärken kann, haben Straßburgs Alternative mittels Crowdfunding die Lokalwährung *Le Stück* installiert. Damit bleibt der Zaster in den lokalen Kreisläufen. Die Aktivisten veranstalten Konferenzen und *apéros,* um *Le Stück* Stück für Stück bekannter zu machen. Sogar Wechselstuben gibt es schon. Auf Geldscheinen stehen programmatische Sätze wie „Ein Stück Verbundenheit" und „Ihr sìn ä stückele vùm Stück", um den sozialen Charakter zu unterstreichen. Mit dem Erlös werden soziale Projekte gefördert. Die hübsch designten Geldscheine werden auch im Umland akzeptiert und eignen sich toll als Souvenir. Das frische Geld zieren Fachwerk, Stoffmuster und andere Elsässer Heimatmotive. *www.lestuck.eu*

Grüner Zeitgeist

5

Villes vertes – Grüne Städte Das Elsass war in Sachen Mülltrennung *(faire le tri)* lange Zeit grün hinter den Ohren, aber jetzt schießt der grüne Zeitgeist ins Kraut. In den Städten werden Randstreifen im Stil wilder Wiesen begrünt, Wände bepflanzt, es werden Hochbeete angelegt, Komposttonnen aufgestellt und Tomaten gezogen, wo vorher Unkraut wuchs. Studenten, *babas cool* (Ökos) und Alteingesessene gärtnern, ernten und teilen. Die Welt wird grüner und besser. Im rot-grün regierten Straßburg unterstützt die Stadt das finanziell und gibt den gut gemeinten Rat, zuerst auf dem Balkon zu prüfen, ob man eine *main verte* (grünen Daumen) hat. *www.strasbourgcapousse.eu*

FAKTEN, MENSCHEN & NEWS

KLEIN, FEIN, TEUER

Das Elsass war schon immer ein Bierland. Im 19. Jh. besaß Straßburg über 60 Brauereien. Wie überall begann mit der Industrialisierung der Niedergang der kleinen Brauereien und der Siegeszug der großen. Das bekannteste Beispiel hierfür ist Kronenbourg, wahrscheinlich das meistgetrunkene Bier ganz Frankreichs. Meteor in Hochfelden konnte sich als einzige große Familienbrauerei behaupten. Die letzten Pilsbrauer Frankreichs bekommen seit Jahren mehr und mehr Konkurrenz von Mikrobrauereien. Bendorf, Blessing, Uberach, Perle und wie sie alle heißen brauen bevorzugt mit der elsässischen Hopfensorte Strisselspalt – süffig, meist in Bioqualität und nie billig.

BIO? LOGISCH!

Im Gegensatz zum Rest der Grande Nation ist das kleine Elsass beim Thema Bio top, wie das Beispiel des Passivhauses in Cosswiller *(www.heliodome.com)* zeigt – es funktioniert wie eine Sonnenuhr. Im Elsass gibt es Biomessen, Biorestaurants, Biobauern, Geschäfte, die sich auf Bio spezialisiert haben, und viele, viele Biowinzer. Jedes Jahr kommen ein paar Hundert dazu, vom niedrigschwelligen Biolabel TYFLO *(www.tyflo.org)* bis zum streng biodynamischen Demeter-Siegel. Den Winzern wird der Weinbau ohne Chemie leicht gemacht, denn das Elsass ist das trockenste Weingebiet Frankreichs, sodass Pilzbefall durch Feuchtigkeit kaum auftritt. Andere Gründe liegen in den Anti-Atom-Demos der

Bild: Burg Girsberg bei Ribeauvillé

Bio und Bier, Techno und Tram: Das Elsass pflegt seine Traditionen, ohne den Anschluss an moderne Technologie zu versäumen

1970er-Jahre. Diese schärften, wie in Deutschland auch, die Sinne für Natur- und Umweltschutz. Schweinepest und Rinderwahnsinn 1999/2000 taten dann ein Übriges, um Nahrungsmittelproduzenten zum Umdenken zu bewegen. Einige Produzenten sind auch bei Slow Food *(schnackala68.free.fr, www.schnaeckele.com)* aktiv.

DIE SPUR DER STEINE

Zwar bauten schon die Kelten steinerne Fluchtburgen, aber ernst mit den Burgen wurde es erst mit den Staufern, die damit ihr Gebiet absicherten. Nach der Zersplitterung des Herzogtums setzte ein regelrechter Bauboom ein, jeder Landadlige baute sich sein Schloss. Die Felsennester wurden in diversen Kriegen gründlich ruiniert, was zur Folge hatte, dass die über 100 Ruinen heute wunderbarer Stoff für alle Romantiker sind. Des Weiteren wurden zur Grenzsicherung von Frankreichs Festungsbaumeister Sébastien Vauban Zitadellen und Forts (Neuf-Brisach), später unterirdische Festen wie die Feste Kaiser Wilhelm II *(www.fortmutzig.eu)* und Maginotforts in den Sand gesetzt. Viele sind heute zu besichtigen.

GUTER HANSI, BÖSER HANSI

Der Colmarer Zeichner Jean-Jacques Waltz (1873–1951) hat als „Onkel Hansi" seine Heimat als das „glückliche Elsass" verewigt. So viel Idylle wie hier ist fast schon einzigartig. Kein Wunder also, dass seine Motive auf Postkarten, Postern, Tassen, T-Shirts usw. allgegenwärtig sind. Was heute kaum mehr einer auf dem Schirm hat, ist sein antideutsches Wirken zur Kaiserzeit. Das brachte ihn in den Knast. Den deutschen Tölpel und Spießer hat er oft genug in seinen Bildern verewigt und im Gegensatz dazu alles Blau-Weiß-Rote verherrlicht. Heute ist der Chauvinist Hansi vergessen, dafür sind seine süßen Bilder zur besten Werbung für das Elsass geworden, erst recht für die Deutschen.

DIE LETZTEN MOHIKANER

Nach der deutschen Besatzung 1940–1944 war die elsässische Mundart nicht mehr chic und die Zahl der Dialektsprecher nahm Jahr für Jahr ab. Heute weiß nur noch ein Drittel der 1,8 Mio. Elsässer, was *Bratzala* (Brezel) und *Stuwa* (Stube) bedeutet. Da nur noch jedes zehnte Kind eine bilinguale Schule besucht, wird dem Dialekt keine Zukunft prophezeit. Aber Totgesagte leben länger: Im Alltag hört man oft das sogenannte Heckenwelsch, ein Mischmasch aus Dialekt und Französisch, das mit einem *hopla* (was so gut wie alles heißen kann) gewürzt wird. Es gibt Wikipedia auf Elsässisch, Mundartkabarett, Asterix im Dialekt und mit Isabelle Grussenmeyer („Ich bìn do") eine unermüdliche und mutige Liedermacherin. Der alemannische Dialekt gilt als besonders saftig. „Wenn es nicht derb ist, ist es nicht unsere Sprache", weiß Kabarettistin Huguette Dreikaus.

DER MIT DEM BLUBB

War früher die Kiste Wein *das* Urlaubsmitbringsel, ist es heute die Kiste Crémant, also Elsässer Sekt: Die süffige Alternative zum Champagner ist um einiges preisgünstiger. Crémant wird genau wie dieser gemacht, aber nur aus Trauben aus dem Elsass. Von den 4400 Elsässer Winzern lassen 500 ihre Einnahmen

EIN „GUTMENSCH" IM BESTEN SINN

Der „Urwalddoktor" Albert Schweitzer (1875–1865) ist zwar in seinem Geburtsort Kaysersberg und seinem Wohnort Gunsbach bei Munster noch allgegenwärtig, aber er verschwindet mehr und mehr aus dem Bewusstsein der Elsässer. War das nicht ein Deutscher? Der Friedensnobelpreisträger von 1952 war ein typischer Elsässer, der seine Nationalität wechseln musste und trotzdem sich und seiner Heimat treu blieb. Sein Lebenslauf macht ihn zu einer sehr modernen Gestalt: Als Erster ging er nach Afrika und gründete in Gabun ein Krankenhaus. Davor lag ein radikaler Bruch. Der geniale Organist war zunächst evangelischer Pfarrer, studierte dann aber Medizin und verließ Europa. Ein anderer Landsmann steht in seiner Tradition: Der aus dem Sundgau stammende Louis Schittly ist Mitbegründer von Médecins Sans Frontières (Ärzte ohne Grenzen).

auch dank Crémant sprudeln. Dass es im Elsass irgendwann einmal nur noch Crémant gibt, so wie es (fast) nur Champagner gibt und nahezu keinen Wein aus der Champagne, muss man aber nicht befürchten. Dafür ist der Elsässer Wein einfach zu gut.

Straßburgs wilhelminischer Bahnhof präsentiert sich heute glasüberkuppelt

WILHELM FOREVER

Während in Deutschland die Kaiserzeit so gut wie vergessen ist, bleibt sie im Elsass konstant im Gedächtnis. Dabei sind die Elsässer alles andere als Monarchisten. *Le Kaiser* war viel zu laut für die sensiblen Alemannen. Aber der Preuße trug nicht nur gerne Uniform, sondern hatte auch die Spendierhosen an. Als man ihm 1899 die Hohkönigsburg schenkte, ließ er sie als Märchenschloss im Stil der damaligen Zeit restaurieren. Auch für die Protzbauten in der Straßburger Neustadt – Kaiserpalast, Bibliothek, Bahnhof, Landtag – ist er verantwortlich. Seine Ära hat so viele Spuren hinterlassen, dass man ihn gar nicht vergessen kann, selbst wenn man wollte.

DER SCHLOIMAIER VOM DIENST

Der ehemalige Sportreporter André Muller wurde mit seiner kulinarischen Land-und-Leute-Sendung „A'Gueter" auf France 3 zum TV-Star und bringt regelmäßig fast ein Viertel der Elsässer vor die Glotze. Der Straßburger radelt zu seinen Gästen, die im Elsass jeder kennt und die auch kulinarisch etwas auf dem Kasten haben, babbelt und flachst mit ihnen im Dialekt über Hobbys und Küche, lupft die Kochdeckel und schneidet Grimassen. „Einen Typ wie den habe ich noch nie gesehen", sagt Dreisternekoch Marc Haeberlin über den „elsässischen Till Eulenspiegel". Die Elsässer lieben ihn. „Salut, André", rufen sie ihm nach, wenn sie ihn auf der Straße sehen. Wer *Gàårtehisele, Schloimaier* und *Katzeroller* nicht versteht, muss sich an die französischen Untertitel halten.

VIVE LE ROCK 'N' ROLL

Als deutschsprachiger Tourist fühlt man sich im Elsass oft wie daheim. In den Kneipen hört man Hansi Hinterseer „Im siebten Himmel" schmachten und auf Volksfesten besingen sie „Elsass, unser Landel" – die Elsässer lieben deutschen Schlager und Chansons. Aber auch das junge Elsass mag und macht Musik, nur härter und selten („Sylvaner Blues" von D'Assoiffés) *uff elsassisch.* Das mit Abstand heißeste Pflaster befindet sich in Straßburg. Was die Szene heißmacht, sind u. a. der ruppige Garagenrock von Dirty Deep, die Afrikabeats von Albinoid

Sound System und der Funk der Straßburger Funkindustry. Regionale Labels wie Herzfeld Records *(www.hrzfld.com)* und Vereine wie die Fédération Hiéro Strasbourg *(hiero.eu)* pushen junge Bands.

WARUM IN DIE FERNE SCHWEIFEN?

Der Weißstorch bringt nicht nur die Kinder, sondern sorgt auch sonst für gute Laune. Zumindest im Elsass war der Storch schon immer heimisch und wurde zum Wappentier. Wie überall in Europa ging aber auch dort die Population zurück, bis 1974 der Tiefststand mit neun Paaren (!) erreicht wurde. Jeder Kirchturm und jeder Schornstein war verwaist. Mit Zuchtstationen und viel Tierschutz kommt jetzt auch der Storch zum Storch, aktuell sind es wieder über 300 Paare, die zwischen Vogesen und Rhein nisten. Viele fliegen inzwischen gar nicht mehr die 20 000 km nach Afrika und wieder retour, sondern bleiben gleich da. Warum? Während einige von einer Entwöhnung ausgehen (drei Jahre in Gefangenschaft unterdrücken den Wandertrieb), sind andere davon überzeugt, dass es nur am Elsass und seinen *Storckadörfern* liegt. Da ist es am schönsten!

Wappenvogel Weißstorch: einst fast ausgestorben, ist er heute wieder vielfach zu bewundern

UNE SCHNAPSIDEE?

Ein Lieblingssport der Elsässer ist das Schimpfen auf Paris. Egal ob Steuern, Sprachen- und Schulpolitik oder TGV, Gründe gibt es immer. Immer noch sorgt die Neustrukturierung von Frankreichs Regionen für Aufregung. Um die Verwaltung zu verschlanken und damit Geld zu sparen, mussten Frankreichs Regionen fusionieren. So kommt zusammen, was nicht zusammengehört, denn Elsässer und Lothringer sind sich aus historischen Gründen nicht grün. Und obendrein musste auch die Region Champagne-Ardenne noch mit unters neue Dach. Viele

Elsässer befürchten mit der Superregion Grand Est den Untergang ihrer besonderen Kultur. Sie nennen die Fusion *une Schnapsidee,* gehen demonstrieren und kleben schwarze Trauerbänder auf ihre Ortsschilder. „Das Elsass bleibt immer das Elsass. Für die Touristen ändert sich nichts“, beruhigt Jean Klinkert, Direktor von Tourisme-Alsace. Und für die Elsässer?

VORWÄRTS IN DIE VERGANGENHEIT

Bis nach dem Zweiten Weltkrieg hatte so gut wie jede Stadt ihr Straßenbahnnetz; das Straßburger maß gar stolze 83 km. Kein Geld für Investitionen und die Konkurrenz billiger Busse führten zur Stilllegung aller Linien. 1960 rollten in Mulhouse und Straßburg die letzten Bahnen, begleitet von Kindern, die zum Abschied Blumen auf die Gleise streuten. Keine drei Jahrzehnte später wurde das Thema wieder aktuell – Straßenbahnen sollten die vom Autoverkehr geplagten Städte entlasten. Seit 1994 schnurrt *le tramway* wieder umweltfreundlich durch Straßburg, seit 2006 auch durch Mulhouse. In beiden Städten hat man die neue Tram als Chance begriffen. Waggons und Haltestellen sind Meisterwerke des Designs, für deren Gestaltung man Künstler wie Daniel Buren (Mulhouse) oder Zaha Hadid (Straßburg) verpflichtete. Mulhouse plant, seine Tramway bis nach Kruth in den Vogesen hinaus zu führen, Straßburgs Linie D fährt seit 2017 sogar bis ins deutsche Kehl.

SCHLIMME FINGER

Das romantische Elsass mit seinen bunten Fachwerkhäusern schreit geradezu nach Kontra. Der weltweit bekannte Zeichner Tomi Ungerer, 1931 in Straßburg geboren, hielt es als junger Mann nicht in der Heimat aus, flüchtete um die halbe Welt – Fremdenlegion, per Anhalter durch Europa, mit dem Schiff nach Nordamerika, Werbezeichner in New York, Bauer in Irland – und kam als berühmter Künstler wieder heim. Anfangs wusste man im Elsass gar nichts mit „Dirty Tomi“ anzufangen, heute verehrt man ihn, obwohl er auch eine entlarvend ätzende und eine gar nicht jugendfreie Seite hat. Auf sein Konto gehen nicht nur unkonventionelle Bilderbücher wie „Die drei Räuber“, sondern z. B. auch Zeichnungen, die den Alltag einer Domina dokumentieren. Aber er ist nicht der einzige schlimme Finger in der Kunst, andere subversive Freigeister im Idyll sind der „elsässische Andy Warhol“ Raymond-Émile Waydelich mit seinen vermeintlich naiven Bildern und Christophe Hohler aus dem Sundgau, der Bilder mit der Schlagkraft eines Boxers malt.

WO ALLES ANFING

Straßburger Zeitungen schreiben nicht nur Nachrichten, sondern auch Geschichte. Das Erscheinen der „Relation aller Fuernemmen und gedenckwuerdigen Historien“ 1605 in Straßburg gilt als die Geburtsstunde der Zeitung. Ermöglicht wurde diese Innovation durch Johannes Gutenbergs Erfindung des Buchdrucks. Auch Gutenberg hat einen Bezug zu Straßburg, er lebte zeitweilig dort. 1995 wurde erneut Zeitungsgeschichte geschrieben: Das 1877 gegründete Traditionsblatt Dernières Nouvelles d'Alsace (Elsässische Neueste Nachrichten), kurz DNA *(www.dna.fr)* genannt, erschien als erste Zeitung Frankreichs auch im Internet, obwohl bis dato fast kein Franzose Internet hatte. Als einziges französisches Blatt gab es die DNA zudem in zwei Ausgaben: Die französische hatte einen roten Titel, die deutsche einen blauen. Letzter Akt: 2012 wurde die deutschsprachige Ausgabe eingestellt.

ESSEN & TRINKEN

Sieben Sorten Fleisch und Wurst liegen auf dem zum *choucroute royale* aufgepimpten Sauerkraut! Zu viel? Wie wärs stattdessen mit Kalbskopf oder der *surlawerla* genannten sauren Leber? Die Elsässer Küche ist ein klarer Fall von rustikal – aber keine Angst, es geht auch feiner.

Gerichte wie die oben angeführten oder auch *munischalla* (Stierhoden) haben im Elsass immer noch ihre Liebhaber. Das hat wenig mit der modernen Nose-to-Tail-Philosophie zu tun und mehr mit der ***Liebe zur Tradition***. Genauso wie die Elsässer Fachwerk, Weinstuben und Butzenfenster lieben, hängen sie an den alten Gerichten. Eine Stadt mag noch so modern sein, *grumbeere* statt Fritten und *spaetzeles* statt Pasta stehen auf der Karte und in Ehren. Dass die Heimat gefeiert wird, ist hier nicht Zeitgeist, sondern Leitmotiv.

Das Elsass hat seine kulinarische Prägung vom Dorf, dessen natürlicher Mittelpunkt der Bäcker war, der nach getaner Arbeit seinen Ofen den Dorffrauen zur Verfügung stellte. Diese zogen im Leiterwagen ihre Eintöpfe zum Bäcker, der sie in den noch warmen Ofen schob, wo sie stundenlang garten. So geht die Legende vom ***baeckeoffe***, der mit Gemüse, Fleisch und viel Zeit zu den besonderen Spezialitäten des Elsass geworden ist – ein Festessen, das es sogar ins französische Wörterbuch geschafft hat. Auch die andere große Spezialität, der Flamm(en)kuchen, ist den Bäckern zu verdanken. Obwohl er so gut wie immer auf Franzö-

 Bild: Flammkuchen

Genießer dürfen sich freuen, denn die Küche vereint das Beste aus zwei Welten: deftige Traditionsgerichte und feine *haute cuisine*

sisch auf der Karte steht, ist die ***tarte flambée*** urelsässisch. Die Erfolgsgeschichte geht so: Im Kochersberg vor den Toren Straßburgs nutzten die Bäcker die enorme Hitze des frisch mit Buchenholz angefeuerten Ofens für ihren dünnen, mit Rahm und Speck bedeckten Teigfladen, der nur eine Minute brauchte, bis er gut war. Das Werk der Flammen ist nicht zu übersehen, am Rand verkohlt, auf der Oberfläche Blasen und der Boden hat schwarze Flecken. So muss er sein! Die *tarte flambée* hat längst ihren Ursprungsort verlassen und es zum Nationalheiligtum der Elsässer geschafft. Obwohl eine Bruderschaft – die Confrérie du Véritable Flammekueche d'Alsace – darüber wacht, macht doch jeder, was er will. Erlaubt ist, was gefällt, vom Vollkornboden bis zum Munsterkäse (spitze!) oder zur – na ja – Ananas.

Aber auch die anderen elsässischen Landschaften haben Spezialitäten hervorgebracht. Auf den winterrauen Hochvogesen ist es das deftige „***Melkeressen***", das *repas marcaire.* Kassler und Salat

SPEZIALITÄTEN

asperges – Spargel, Schlecht mit Mayo, besser mit *sauce hollandaise* (Foto re.)
bibbeleskaes – Frischkäse *(siaskaes)*, der süß oder salzig gegessen wird
bredele – Weihnachtsgebäck, meist mit Butter gebacken und in zig Varianten das ganze Jahr über erhältlich
café gourmand – preisgünstiges Doppel aus Espresso und verschiedenen Desserts
carpe frite – frittierter Karpfen, oft mit Kartoffelsalat, eine Spezialität im Sundgau
coq au riesling – Huhn in Riesling mit Nudeln oder *spaetzeles*
dampfnudles – süße oder salzige Dampfnudeln (gekochte Hefeklöße)
eau de vie – Schnaps, beliebt sind nach wie vor *kirsch, quetsch* oder *mirabelle*
escargots – Schnecken, mit Kräuterbutter, gratiniert oder in der Suppe (Foto li.)
fleischschnacka – mit Brät gefüllte Schneckennudeln, in Brühe gekocht
foie gras – Gänsestopfleber. Das Mastverfahren, um Gänsen eine Fettleber anzuzüchten, gilt in einigen europäischen Ländern als Tierquälerei und ist in Deutschland verboten
grumbeerkiechle – Kartoffelpuffer, in der Pfanne gebacken, als Beilage oder mit Apfelmus
matelote – Weißweinragout von heimischen Süßwasserfischen
menu marcaire (Melkermenü) – traditionelles Essen der Bergbauern mit *schiffala* (gepökelte Schweineschulter) und *roigebrageldi* (mit Unmengen Zwiebeln und Butter gegarten Kartoffeln)
rossbif – Pferdesteak
steak tartare – Rinderhack, das vom Kellner am Tisch mit Ei, Gewürzen und Zwiebeln zubereitet wird
surlawerla – saure Leber, Leberragout
tarte au myrtille – Blaubeerkuchen, gern mit *crème chantilly* (Schlagsahne)
tourte vigneronne – gebackene Fleischpastete, meist mit grünem Salat

sind noch am leichtesten zu schaffen, die Kartoffeln, die mit Zwiebeln und pfundweise Butter versetzt wurden, sind hingegen ein schwereres Kaliber. Dazu kommt Blaubeerkuchen mit Sahne und ein junger Münsterkäse mit Kirschwasser. Der ***Münsterkäse*** ist ebenfalls ein Kind der Vogesen; es gibt ihn in verschiedenen Reifegraden, je älter, desto mehr Nase. Erst wenn er 21 Tage gereift ist, darf der

Rotschmierkäse sein AOC-Siegel tragen, was seine kontrollierte Herkunft beweist. Andere Regionen, denen das Elsass ein paar Spezialitäten zu verdanken hat, sind der wasserreiche Sundgau mit seinen **Karpfen**, Krautergersheim und Umgebung für den Weißkohl fürs Sauerkraut, die sandige Gegend um Hœrdt als Epizentrum des **Spargels** und das Nordelsass mit salzigen oder süßen Dampfnudeln und Saumagen. Und überall im Elsass gibt es die berühmte ***charcuterie alsacienn***e (Knackwurst, Presskopf etc.), die es oft in Bierkneipen auf dem Brettchen, der *planchette,* gibt.

Alles rustikal, deftig, grob also? Gar nicht, das liegt an der Geografie und der Geschichte: Durch das Rheintal verliefen seit jeher wichtige Handelsstraßen und so kamen bereits im Mittelalter besondere Gewürze ins Land. Zudem spielen König **Riesling** und die anderen Rebengewächse eine tragende Rolle im kulinarischen Stück. Bekanntlich wird mit Wein schon immer besser gekocht, wie Sie im Elsass immer wieder erfreut feststellen werden. Ein Paradebeispiel dafür ist der *coq au riesling,* der seine alemannischen Einflüsse mit viel Sauce, Nudeln und üppig portioniert gar nicht leugnen kann. Und zum guten Schluss hat die französische Hochküche ihre feinen Spuren hinterlassen, eine beeindruckende Zahl von **Spitzenköchen** spricht für sich – und ständig kommen neue Epigonen dazu, die kulinarisch auch was reißen wollen.

Die französische Lebensart wirkt sich bis in die Sitten aus. Wer in ein Restaurant, eine *Winstub* oder die moderne Variante *bar à vin* geht, ist immer gut beraten, beim Kellner nach einem freien Platz zu fragen, sogar wenn die Kneipe leer ist. Alles andere wird eigentlich nicht verziehen. Beim Bezahlen gibt es in aller Regel nur eine Rechnung, auch typisch französisch. Französisch ist auch das Angebot an **Weinen**. Wein gehört zum Essen und zum Essen gehört Wein. „Ganz wichtig ist, dass alles in Balance mit dem Wein bleibt. Die Harmonie ist entscheidend", sagt der legendäre Dreisternekoch Marc Haeberlin. Eine große Weinkarte muss also sein, so lautet das ungeschriebene Gesetz der Franzosen. Dass das Elsass mit seinen traditionellen Sorten Riesling, Pinot blanc, Pinot gris, Sylvaner, Gewürztraminer, Muscat und der Cuvée Edelzwicker („Edel") erste Wahl ist, hat seine Logik. Eine gute Weinkarte wird aber immer um Bordeaux und Burgund ergänzt, weil das die Spezialisten für *rouge* sind.

Bei den **Desserts** ist die französisch-elsässische Durchdringung perfekt. Alemannische *tartes* mit Zwetschgen, Äpfeln und Birnen und der geeiste *kugloff* sind genauso ein Muss wie ein urfranzösischer *fondant au chocolat* oder eine *crème brûlée.* Wer sich nicht entscheiden mag, bestellt einen *café gourmand* mit Dessertvariationen und einem Espresso. Danach muss das *trou alsacien* (Elsässer Loch) gefüllt werden – und zwar mit Schnaps!

Zum Digestif wirds fruchtig: Die Elsässer Obstwässer sind legendär

EINKAUFEN

Plüschstorch, Steingut oder Hansi-Bild? Es geht auch origineller. Feinschmecker, Weintrinker, Liebhaber von Handwerk und Antiquitäten sowie Modefans rennen im Elsass offene Türen ein.

ANTIKES & SECONDHAND

Die Elsässer sind als gute Franzosen verrückt nach Gebrauchtem, nach Antiquitäten und Schnäppchen. Fündig werden sie auf den zahllosen Flohmärkten *(vide-greniers, marché aux puces)*, die oft fast das ganze Dorf einnehmen. Andere Schnäppchenorte sind das Antiquitätendorf *Village des Antiquaires (4, Rue de la Gare | Sa/So 14–19 Uhr)* in Benfeld oder *Alsace Antiquités (21, Rue de Molsheim | Mo–Fr 14–19, Sa 10–12 und 14–18 Uhr)* in Straßburg. Ein Tipp für Radler: Da die Rennradnation Frankreich ein Überangebot an erstklassigen Rennrädern hat, finden Sie hier INSIDER TIPP preisgünstige *vélos de course* im Retrostyle.

DELIKATESSEN & WEIN

Für einen zünftigen Elsässer Abend daheim gibt es zwischen Rhein und Vogesen viele gute Shoppingadressen. Der Bauer auf der Alm hat Speck, Münster- und *Barikas* (Bergkäse) und Butter aus eigener Produktion, bei den Winzern und Schnapsbrennern bekommen Sie Weine und *eaux de vie* wie z. B. *kirsch, quetsche, framboise* (Himbeergeist) und *mirabelle.* Das entsprechende Angebot finden Sie natürlich auch in den unzähligen Weinhandlungen, dort mit mehr Auswahl. Für Wow-Effekte sorgen die vielen *pâtisseries;* die besten heißen Bockel, Gilg, Mulhaupt und Rebert. Eine Shoppingwelt für sich sind Hofläden wie die von Riedinger und Dollinger (beide in Hœrdt) oder die Ferme Maurer in Dorlisheim und Dachstein. Diese Großbauern sind gewieft und verkaufen neben Obst und Gemüse auch Biere aus der Mikrobrauerei, Apfelsaft, Cidre, Konfitüren, Eingewecktes und einiges mehr. Bei Maurer bekommen Sie statt Einkaufswagen einen Schubkarren!

KUNSTHANDWERK

Elsässer Steingut ist berühmt. Wie gut, dass die beiden wichtigsten Orte nebeneinanderliegen. In *Soufflenheim* wacht die Confrérie des Artisans Potiers über die Qualität der 50 Werkstätten. Soufflenheims bekanntester Töpfer *Michel Streissel (25, Rue de Haguenau | Mo–Sa 10–12 und 14–18, So 10–12 und 14.30–17 Uhr |*

Lassen Sie ordentlich Platz im Kofferraum: natürlich für Wein, aber auch für Stilvolles aus Steingut oder Kurioses vom Flohmarkt

www.streissel.com) befeuert als Letzter noch seinen Ofen mit Holz. In *Betschdorf* ragen *Albert Greiner (Werkstatt in Beinheim | Place de l'Europe | tgl. 9–12 und 14–18 Uhr),* die pfiffige *Pôterie Burger (15, Grand'Rue | Mo–Fr 8–12 und 13.30–18.30, Sa 10–12 und 14–18 Uhr)* und der Künstlertyp *Louis Ruhlmann (39, Grand'Rue | keine festen Zeiten)* heraus. Überall im Elsass finden Sie noch weitere Kunsthandwerker, so etwa in *Luttenbach-près-Munster* Holzschuhmacher *André Haeberlé (37, Rue Principale | Di–So 9–12 und 14–18 Uhr | 4 Euro | www.saboterie-haeberle.fr),* dem man auch zuschauen darf.

MODE

In Sachen Mode geht es fast wie in Paris zu – Straßburgs Modegeschäfte müssen sich nicht verstecken. Der Blick ins Schaufenster zeigt, wie das Land tickt: edler, eleganter, feiner. Damenschuhe gibt es meist nur bis Größe 40. Made in Elsass sind die INSIDER TIPP Schuhe von Heschung, die vormals von Wanderern und Jägern getragen wurden. Heute wird die Edelmarke wegen Qualität und Eleganz geschätzt. Heschung gibt es teuer in Boutiquen und etwas günstiger im Werk in Dettwiller bei Saverne.

SOUVENIRS & ALSATICA

Kaum eine andere Weltgegend beschäftigt sich so ausdauernd und hingebungsvoll mit der eigenen Heimat und Identität wie das Elsass. So gibt es unzählige Zeitschriften, Bücher und Bildbände, die die Geschichte, Landschaften, Essen und Trinken sowie berühmte Persönlichkeiten thematisieren. Typische Motive finden sich u. a. auf Schlüsselanhängern, Bier- und Weingläsern sowie Bierdeckeln. Fündig werden Sie in Antiquitätengeschäften, auf Flohmärkten oder in Boutiquen, die INSIDER TIPP Bretzel Airlines oder die Colmarer Marke Avenue d'Alsace (Tischwäsche, Kissenbezüge, Küchenschürzen etc.) führen.

ESSEN & TRINKEN

AU CAQUELON

Rösti, Raclette, Fondue und Fleisch vom heißen Stein: ein bisschen Schweiz im Nordelsass. *10, Rue Clemenceau | Tel. 03 88 93 04 04 | tgl. | €*

LE FRUITIER

Alles aus der Region, zum Teil biologisch. Dieser 3 km vom Zentrum entfernte Obst- und Gemüsehof an der Straße nach Wissembourg setzt Maßstäbe, was Auswahl, Preise und Qualität angeht. Auch Feinkost und ein kleines Lokal mit Tagesgerichten (€). *5, Ferme Densch | Mo 14–19, Di–Fr 9–19, Sa 9–18 Uhr | www.lefruitier.fr*

Steingut und Keramik allüberall: unterwegs im Töpferdorf Soufflenheim

LE COMPTOIR DES LOGES

Elsass mal anders: Hier gibts Tapas und Burger, natürlich *home made* und turmhoch jedem *steak frites* überlegen. Coole Musik! *12–14, Rue Georges Clemenceau | Tel. 03 74 11 65 39 | So/Mo geschl. | €*

EINKAUFEN

EMMAÜS

Stöbern und entdecken: Das Secondhand-Kaufhaus ist über die Region hinaus für günstige restaurierte Antiquitäten bekannt. Mit dem Erlös finanziert sich das soziale Projekt Emmaüs selbst. *99, Route de Bischwiller | Mo–Fr 14–17, Sa 9–12 und 14–17 Uhr | www.emmaus-haguenau.com*

FREIZEIT & SPORT

Wasser und kein Ende: Im *Nautiland (8, Rue des Dominicains | Mo–Fr 12–21, Sa/So 9–19 Uhr, 2018 wg. Renovierung geschl. | 7,60 Euro, mit Sauna und Hamam 13,40 Euro, diverse Familientarife | www.nautiland.net)* gibts Spaß- und Schwimmbecken sowie eine Saunalandschaft mit Hamam. Als Alternative bieten sich die im Juli und August als *Badeseen* geöffneten Fischweiher an der D 468 in Roeschwoog, Beinheim und Seltz an.

Hier springt man mit der Liane ins Wasser und Merguez vom Grill gibts auch!

AM ABEND

Das Feierabendbier und mehr trinkt man in Straßencafés oder in der gut sortierten Weinbar *Le B'Art (1, Rue du Bouc)*. Konzerte, Tanz etc. finden im *Theater (1, Place du Maire Guntz)* oder auch in der Tapabar *Casa Loca (184, Grand'Rue)* statt.

ÜBERNACHTEN

INSIDER TIPP L'OURS

Im 8 km entfernten *Bischwiller* versteckt sich ein lauschiges Plätzchen mit einer heimeligen Studiowohnung mit Hof und vis-à-vis einem superben Restaurant (€) mit tollen Tagesgerichten. Im Hof hat die Papierkünstlerin Michèle Wagner ihr Atelier. Schauen Sie mal rein! *2, Rue de la Couronne | Tel. 03 88 63 21 56 | www.lours.co | €*

LA PARENTHEZ

Klein, aber fein: 5 km südlich in *Marienthal* können Sie übernachten und Zimmer und Wellness exklusiv für sich buchen oder nur den Wellnessbereich *(1 Std. 20 Euro)* nutzen. *2 Zi. | 11, Rue de Muhlbach | Tel. 03 88 93 40 36 | www.la-parenthez.fr | €€*

AUSKUNFT

1, Place Joseph Thierry | Tel. 03 88 06 59 99 | www.tourisme-haguenau.eu

ZIELE IN DER UMGEBUNG

BETSCHDORF UND SOUFFLENHEIM ★

(129 D3–4) *(🕮 G3–4)*

Keramik und Steingut aus diesen beiden Dörfern 15 km nordöstlich bzw. östlich sind Kult. Sehenswert ist in Betschdorf das *Musée de la Pôterie (2, Rue de Kuhlendorf | April–Sept. Di–Sa 10–12 und 13–18, So 14–18 Uhr | 3,50 Euro)*. Ebenfalls in Betschdorf vermietet der passionierte Rotweinkenner *Christian Krumeich (23, Rue des Pôtiers | Tel. 03 88 54 40 56 | €)* drei Zimmer. Auf dem Soufflenheimer Friedhof hat sich ein Töpfer mit einer lebensgroßen Nachbildung von Leonardos Fresko „Abendmahl" verewigt.

In Soufflenheim ist das Restaurant *Au Bœuf (48, Grand'Rue | Tel. 03 88 86 72 79 | tgl. | www.boeuf-soufflenheim.com | €)* für seine Königinpastete berühmt. 5 km nordöstlich in Leutenheim-Kœnigsbruck pfeift man in der *Auberge au Vieux Couvent (Tel. 03 88 86 39 86 | Mo/Di geschl. | €–€€)* auf die Tradition und kocht Fisch

MARCO POLO HIGHLIGHTS

★ Wissembourg
Le Bruch, Le Schlupf und die Altstadt: eine Komposition aus Wasser und Stein → S. 41

★ Château de Fleckenstein
Weitblick von einer der schönsten Burgruinen → S. 42

★ La Petite-Pierre
Eine Burg, Bistros und Wald, so weit das Auge reicht → S. 39

★ Betschdorf und Soufflenheim
Ein Besuch in den Töpferdörfern → S. 35

★ Château des Rohan in Saverne
140 m Klassizismus am Stück → S. 36

★ Plan Incliné
Schauen, wie Schiffe bergauf fahren → S. 40

mit Speck und Nudelrisotto. Preiswerte Tagesgerichte und Sommerterrasse.

SESSENHEIM (129 D–E5) (*G4*)
In dem ehemaligen Fischerdorf brach der junge Goethe der Pfarrerstochter Friederike Brion das Herz und schrieb die „Sesenheimer Lieder". Zur Erinnerung an den Dichterfürsten gibt es einen kleinen *Wanderweg* (Symbol roter Kreis) durchs Dorf. Heute heißt das Ziel Flammkuchen: Der ist der altehrwürdigen Dorfwirtschaft *A la Croix d'Or (1, Rue Goethe | Tel. 03 88 86 97 32 | Mo/Di geschl. | €)* genial. Hier wissen sie, wie Flammkuchen geht, und so isst man unter Garantie mehr als gepalnt. Das wirklich Schlimme ist, dass die Tochter des Hauses Patisserie gelernt hat ...

LOW BUDG€T

In Haguenau werden im Juli und August kostenlose Stadtführungen angeboten (Treffpunkt: *Mi 18 Uhr am Office de Tourisme*). Auch in Hunspach und Seebach werden im Sommer gratis Führungen angeboten. Informationen beim Office de Tourisme in Wissembourg.

Der Haguenauer Fahrradverleih verlangt für ein ● Citybike nur 3 Euro (E-Bike 5 Euro) pro Tag bzw. 9 Euro pro Woche. *Vélo Ritmo | Place Désiré Brumbt (am Bahnhof) | Tel. 03 88 94 97 88 | Mo–Fr 9.30–12.30 und 14.30–18.15, Sa 9.30–12.30 Uhr | www.ritmo.fr*

Die Winzergenossenschaft Cléebourg lädt zu kostenlosen Weinproben ein: *Route de Vin | Tel. 03 88 94 50 33 | Mo–Sa 8–12 und 14–18, So 10–12 und 14–18 Uhr | www.cave-cleebourg.com*

UTTENHOFFEN (128 B3) (*E3*)
Wollen Sie mal richtig blaumachen? Das geht besonders gut 15 km nordwestlich in den INSIDER TIPP *Jardins de la Ferme Bleue (21, Rue Principale | Mai–Mitte Sept. Di–Sa 12–18, So 10.30–18 Uhr | 4 Euro | www.jardinsdelafermebleue.com)*, einem blauen Fachwerkhaus mit wunderschöner Gartenanlage und Gästezimmer (€). Wenn Sie es einrichten können, kommen Sie zum sensationell guten Sonntagsbrunch (€)!

SAVERNE

(127 E5) (*D5*) **Mit einem der schönsten Fachwerkhäuser des Elsass, der Maison Katz, und mit dem Rohan-Schloss schenkt Saverne (12 000 Ew.) seinen Besuchern wunderbare Augen-Blicke.**
Das ehemalige Zabern ist noch viel älter, als seine eh schon alte Bausubstanz entlang der Fußgängerzone in der Grand'Rue vermuten lässt. Bereits die Römer gründeten hier die Militärstation Tres Tabernae. Heute macht die Kleinstadt einen lässigen Eindruck. Am Rhein-Marne-Kanal einen *Picon Bière* trinken, das fühlt sich schon sehr nach Mittelmeer an.

SEHENSWERTES

CHÂTEAU DES ROHAN ★
Das Schloss mit Frankreichs längster klassizistischer Schlossfassade (140 m) hat Platz genug für eine *Jugendherberge (Tel. 03 88 91 14 84 | www.aj-saverne.com | €)* und ein *Heimatmuseum (Musée Municipal | Mitte Juni–Mitte Sept. Mi–Mo 10–12 und 14–18, sonst Mo und Mi–Fr 14–18, Sa/So 10–12 und 14–18 Uhr | 3,30 Euro)*. Der Museumseintritt berechtigt auch zu einem halbstündigen Aufenthalt auf dem *Schlossdach* – windig, aber mit Weitblick! *Place du Général de Gaulle*

MAISON KATZ

Das 1605 erbaute Haus mit seinem Erker und der Schnitzkunst an der Fassade ist ein Renaissancejuwel. Das schönste Gebäude der Stadt ist heute ein *Restaurant (80, Grand'Rue | Tel. 03 88 71 16 56 | tgl. | www.tavernekatz.com | €–€€€)* mit Sommerterrasse. Berühmt ist es für seinen Geflügelauflauf, der im 18. Jh. für Königin Marie-Antoinette erfunden wurde.

Fachwerkfassade aus der Renaissance: Die Maison Katz ist das Prachtstück an Savernes Grand'Rue

ROSERAIE

Seit mehr als 100 Jahren blüht hier Saverne auf. Auf 8000 Rosenstöcken wachsen 550 Arten, deren schönste Blüte im späten Frühjahr ist. Mitte Juni gibts ein Rosenfest. *Route de Paris | Mitte Mai–Aug. tgl. 10–19, Sept. 14–18 Uhr | 2,50 Euro | www.roseraie-saverne.fr*

ESSEN & TRINKEN

CAVEAU DE L'ESCALE

Dank Muttis Pfännchenrezepten, *buwespätzles* und Flammkuchen hat Wirt Vincent Fischbach meistens *full house.* Im Sommer auch draußen mit Blick auf Hafen und Schloss. *10, Quai du Canal | Tel. 03 88 91 12 23 | Mi, Di-Abend und Sa-Mittag geschl. | www.escale-saverne.fr | €*

LA MARNE

Savernes Sonnendeck! Elsässer Spezialitäten und abends Flammkuchen schmecken auf der Terrasse am Kanal gleich doppelt so gut. *5, Rue du Griffon | Tel. 03 88 91 19 18 | Do-Abend und So-Abend geschl. | www.restaurant-lamarne.fr | €*

EINKAUFEN

Manche mögen's süß. *Jacques Bockel (77, Grand'Rue | www.planet-chocolate.com)* ist der Guru in Sachen Dolce Vita auf Elsässer Art, von ihm gibt es – *oh là là* – das Kamasutra in Schokolade und Haselnusscreme. Ein weiteres Topziel für Genießer ist die *Délicathèque (104, Grand'Rue | www.ladelicatheque.fr)* von Pierre Huser, der seine Schätze auf Wanderungen durch Frankreichs Weingärten entdeckt.

FREIZEIT & SPORT

RADFAHREN

Topfeben sind die meist geteerten Treidelpfade längs des Rhein-Marne-Kanals, Berg-und-Tal-Fahrten versprechen dagegen die Vogesen. Fahrräder, Tandems und E-Bikes verleiht *Cycles Ohl (10, Rue Saint Nicolas | Tel. 03 88 91 17 13 | Di–Fr 9–12 und 14–19, Sa 9–12.30 und 14–17.30 Uhr | ab 14,50 Euro/Tag).*

WANDERN

So eine Aussicht ist rar: Vom auch als „Auge des Elsass" bekannten *Château du Haut-Barr* lassen sich wunderbare Wanderungen unternehmen, z. B. zum *Brotschbergfelsen.* Auf der anderen Seite der Zaberner Steige, bei Ernolsheim-lès-Saverne, heißen die Ziele *Mont Saint-Michel* (Michelsberg) und *Daubenschlagfelsen.*

AM ABEND

Abends sitzt man schön am Kanal und in den Straßencafés und trinkt ein „Elsass"-Bier der in Saverne ansässigen Brasserie Licorne.

ÜBERNACHTEN

AU BOIS DORÉ

Hier ist das Paradies, oder? Wer bei Barbara auf der Terrasse frühstückt (selbst gebackenes Brot!) wird sich die Augen reiben. Einfach wunderbar! Das Ökoholzhaus mit separaten Gästezimmern liegt zwischen Wald und Wiesen in *Haegen* südlich von Saverne. Dort vermieten sie außerdem noch ein feines Appartement am Kanal. *2 Zi. |3 a, Rue des Hiboux | Tel. 03 88 03 18 91 | www.boisdore.com | €*

HÔTEL CHEZ JEAN

Dreisternehotel, das den Elsassstil sehr leicht interpretiert. Mit Sauna, Hamam und Massagen sowie elsässischem Restaurant (€€). *40 Zi. | 3, Rue de la Gare | Tel. 03 88 91 10 19 | www.chez-jean.com | €€*

VILLA KATZ

Das Faible der Chefin sind provenzalische Küche und schöner Wohnen. Ganz im Sin-

In den Sandstein gegraben: die Höhlenhäuser im Dörfchen Graufthal

ne der Vorvorvorbesitzerin, einer Cousine Kaiser Wilhelms. Schwelgen Sie! *7 Zi. | 42, Rue du Général Leclerc | Tel. 03 88 71 02 02 | www.villa-katz.com |* €–€€

AUSKUNFT

37, Grand'Rue | Tel. 03 88 91 80 47 | www.ot-saverne.fr

ZIELE IN DER UMGEBUNG

BOUXWILLER (127 F4) (*D4*)
Das Elsass hatte und hat eine lebendige jüdische Kultur, zuerst auf dem Land, später in den Städten. Das 15 km nordöstlich gelegene Bouxwiller (3900 Ew.) war so ein Zentrum, daran erinnert das größte jüdische Museum der Region: Das *Musée Judéo-Alsacien (62, Grand'Rue | Mitte März–Okt. Di–Fr und So 10–13 und 14–18 Uhr | 6 Euro | judaisme.sdv.fr/today/musee)* ist in der ehemaligen Synagoge untergebracht und zeigt Alltagsgegenstände, religiöse Utensilien und Fotografien aus einer Zeit, als „leben und leben lassen" gelebter Alltag war.

GRAUFTHAL (127 D4) (*C4*)
Kaum zu glauben: Noch bis 1958 waren die INSIDER TIPP in den Sandstein gehauenen Wohnungen in dem 17 km nördlich gelegenen Dorf bewohnt. Fließendes Wasser gab es nur bei Regen, nasskalt war's immer. Heute sind die Wohnhöhlen zu besichtigen. *Mitte März–Mitte Nov. Mo–Sa 10–12 und 14–18, So 10–18.30 Uhr | 2,50 Euro | www.maisonsdesrochers-graufthal.fr*

HOCHFELDEN (128 A5) (*E4*)
Die letzte große Familienbrauerei des Elsass, Meteor im gut 15 km östlich gelegenen Hochfelden, öffnet im Juli und August ihre Tore. Führung (1,5 Std.) und Bierprobe nur mit Anmeldung! *6, Rue du Général Lebocq | Tel. 03 88 02 22 22 | Juni–Sept. und Dez. Di–So 10–18, Mitte Feb.–Mai und Okt./Nov. Mi–Fr 10–12.30 und 14–17, So 10–18 Uhr | 8 Euro | www.brasserie-meteor.fr*

KIRRWILLER (127 F4) (*E4*)
Vergesst Paris! Der rührige Gastronom Adam Meyer hat sich 20 km nordöstlich in Kirrwiller seinen Bling-Bling-Traum verwirklicht. Sein *Royal Palace (20, Rue de Hochfelden | Tel. 03 88 70 71 81 | www.royal-palace.com | Show ab 30 Euro)* zeigt so viel Bein wie das Moulin Rouge.

LA PETITE-PIERRE ★
(127 E4) (*C4*)
Wie sich die Zeiten ändern: Als Festung war der „kleine Stein" (Lützelstein) weit weg vom Schuss und unbedeutend, heute wollen alle hin, zum Wandern, Spazieren, Mountainbiken oder um einfach die schöne Aussicht zu genießen. Vor allem im Herbst ist es hier – Indian Summer! – sagenhaft schön. Das Felsennest gut 20 km nördlich geht auf eine Burg zurück, die von Frankreichs berühmtem Festungsbaumeister Sébastien Vauban im

Auftrag Ludwigs XIV. sternförmig ausgebaut wurde. Die Festung wird Doerfel genannt, die anderen Häuser auf dem Bergkamm sind das Staedtel. Im Doerfel gibt es mittlerweile viele Bistros, zu empfehlen sind die Flammkuchen im *Restaurant du Château (5, Rue du Château | Tel. 03 88 70 45 18 | Do-Abend und Mo geschl. | €)*. Herausragend ist *La Clairière (50 Zi. | 65, Route d'Ingwiller | Tel. 03 88 71 75 00 | la-clairiere.com | €€€)*, Frankreichs erstes Biohotel, mit Wellness, Spa, sensationell gutem Frühstück und Angeboten wie Kräuterwanderungen. Wer auf eigene Faust in die Kräuter und Wälder will, findet kurze und lange Touren.

MARMOUTIER (127 E6) *(D5)*
Die 7 km südlich gelegene *Klosterkirche (www.marmoutier.net)* der Benediktiner in Maursmünster fällt wegen ihrer scheckigen Fassade auf und wegen des Zusammenspiels von romanischen (Türme) und gotischen (Schiff, Chor) Elementen. Jeden Sommer finden hier Konzerte auf der Silbermannorgel statt. Am Ortsausgang hat Töpfer *Claude Ernenwein (78, Rue du Général Leclerc | Di, Do, Fr 10–18, Mi und Sa 10–17.30 Uhr | www.poterie-ernenwein.com)* sein Atelier. Er weiß viel zu erzählen.

PLAN INCLINÉ ★ (127 D5) *(C5)*
Das 18 km westlich bei Saint-Louis Arzviller gelegene Schiffshebewerk transportiert Schiffe in einer Art Badewanne den Berg hoch. Vormals mussten die Schiffe 17 Schleusen passieren, um den Höhenunterschied auszugleichen! Diese sind über einen Wanderweg zu besichtigen. Vor Ort gibts auch eine Sommerrodelbahn. *April–Okt. tgl. 10–17, Juli/Aug. bis 18 Uhr | 4 Euro | www.plan-incline.com*

WINGEN-SUR-MODER (127 E3) *(D3)*
René Lalique (1860–1945) wusste, was Frauen gefällt. Zuerst machte er in Paris mit Art-déco-Schmuck Karriere und begeisterte mit „billigen" Materialien wie Elfenbein und Horn. Er verwandelte Broschen, Ringe und Kämme samt ihrer Trägerinnen in Kunstwerke. Nach dem

Türmchen, Giebel und Figurenschmuck: die romanische Westfassade der Klosterkirche Marmoutier

Ersten Weltkrieg wurde er im Elsass zum „Großmeister des Glases" und produzierte Kristallglas und Flakons in Serie. Das luxuriös eingerichtete INSIDER TIPP *Musée Lalique (Rue du Hochberg | April–Sept. tgl. 10–19, Okt.–Dez. und Feb./März Di–So 10–18 Uhr | 6 Euro | www.musee-lalique.com)* steht im 32 km entfernten Wingen-sur-Moder, wo die Glasbläserei seit jeher Tradition hat.

WISSEMBOURG

(129 D2) (*G2*) ★ **Zwischen Blumen und Honig, Wurst und Käse, Brot und Brioche mischen sich jeden Samstagmorgen auf dem Wochenmarkt in der Grenzstadt (8000 Ew.) die Sprachen.**

Kaum hat sich der Markt verlaufen, strömen die Menschen übers Kopfsteinpflaster zu „ihrer" *Winstub* oder ins Lieblingscafé. Zur kulinarischen Lust gesellt sich in Weißenburg noch die Augenlust, die mit etlichen Gebäuden ordentlich Futter bekommt. Die Stadt, die sich im 7. Jh. aus einem Kloster entwickelte, lässt sich gut zu Fuß erkunden oder mit dem Touristenbähnchen, das bis zum Deutschen Weintor hinter der Grenze tuckert.

SEHENSWERTES

ALTSTADT

Weil im Mittelalter die Fläche der Häuser besteuert wurde und nicht die Höhe, haben die findigen Weißenburger ihre Häuser auf die Spitze getrieben. Die 1430 erbaute *Maison du Sel* (Salzhaus) ist das imposanteste, aber nicht das einzige mit einer aberwitzigen Dachschräge. Aber auch im Kleinen ist Wissembourg hübsch, z. B. auf der kleinen Brücke *Le Schlupf (Rue de Passerelle)* über die Lauter. Spätestens hier schließt man das „kleine Straßburg" in sein Herz. Es gibt auch einen ausgeschilderten Stadtspaziergang zu allen Sehenswürdigkeiten.

LE BRUCH

Der Bruch ist ein relativ „neuer" Stadtteil, der im 15. Jh. außerhalb der Stadtmauern dem Sumpf abgerungen wurde. Prächtige Patrizierhäuser, der *Husgenossenturm* und die *Maison de l'Ami Fritz* im Stil der Renaissance säumen die Lauter.

SAINTS PIERRE ET PAUL

Mit ihren romanischen und gotischen Kirchtürmen und dem unvollendeten Kreuzgang ist sie eine der bemerkenswertesten Kirchen im Elsass. Im Innern gibt es monumentale Fresken, u. a. vom hl. Christophorus, zu bestaunen und eine Rosette, die nachmittags ein wunderbares Licht wirft. *Rue du Châpitre*

ESSEN & TRINKEN

RESTAURANT DE L'ANGE

Das Traditionshaus ist für seine *schneiderspaettel* bekannt, eine alemannische Variante der Lasagne mit Forelle und Zwiebelkompott. *2, Rue de la République | Tel. 03 88 94 12 11 | Mo/Di geschl. | www.restaurant-ange.com* | €€–€€€

AU PETIT DOMINICAIN

Die Einrichtung ist Geschmackssache, aber beim Essen bleibt man sich treu: Wildschwein, Hasenpfeffer und eine göttliche Lammhaxe, die sieben Stunden im Ofen schmurgelt, machen die Entscheidung schwer. *36, Rue Nationale | Tel. 03 88 94 90 87 | Mo/Di geschl.* | €

LE SAUMON

Das Restaurant am Fluss serviert Flammkuchen in zig Varianten, auch mit dem namensstiftenden Lachs. Durchgängig warme Küche. *3, Place Saumon | Tel. 03 88 94 13 95 | tgl. | €*

EINKAUFEN

Von Hand geschmiedete Messer, Apfelsaft von der Streuobstwiese, frischer Fisch, Elsässer Charcuterie oder Ziegenkäse? Oder ein Strauß Blumen und Seifen aus Marseille oder Aleppo? Jeden Samstagmorgen bekommen Genießer hier auf dem Markt ihr Rundum-sorglos-Paket geschnürt. Beim Stand der Ferme Heil gibt es nicht nur den einmaligen INSIDER TIPP Kartoffelkuchen aus gekochten Grumbeeren, sondern auch Hefezopf und mehr. Probieren Sie! Wer zu spät kommt, wird nicht bestraft, sondern geht am besten in die edle *Pâtisserie Rebert (7, Place du Marché aux Choux)* oder zu *Criqui-Matern (6, Rue de la République)* und genießt dort die Spezialität Nummer eins: *kougelhopf.*

FREIZEIT & SPORT

BACKKURSE

Konditor Daniel Rebert macht aus seiner Kunst kein Geheimnis und gibt Kurse *(65 Euro)* im Backen, z. B. von Macarons oder Cakes. *Pâtisserie Rebert | 7, Place du Marché aux Choux | Tel. 03 88 94 01 66 | www.rebert.fr*

ÜBERNACHTEN

HOSTELLERIE AU CYGNE

Die romantischste Adresse der Stadt, die auch mit ihrer französisch-elsässischen Küche (€€) überzeugt. *17 Zi. |3, Rue du Sel | Tel. 03 88 94 00 16 | www.hostellerie-cygne.com | €–€€€*

AU MOULIN DE LA WALK

Die zum Hotelrestaurant umgebaute Mühle liegt zehn Gehminuten vom Zentrum hübsch im Grünen am Ufer der Lauter. *25 Zi. | 2, Rue de la Walk | Tel. 03 88 94 06 44 | www.moulin-walk.com | €*

AUSKUNFT

11, Place de la République | Tel. 03 88 94 10 11 | www.ot-wissembourg.fr

ZIELE IN DER UMGEBUNG

CHÂTEAU DE FLECKENSTEIN ★

(128 C2) *(F2)*

Erobert, zerstört, wieder aufgebaut und wieder zerstört: Von der gut 20 km westlich gelegenen Ruine (Zufahrt zur Burg über Lembach) reicht der Blick über Nordvogesen und Pfälzer Wald, die hier ohne erkennbare Grenzen zusammenwachsen. Der Vier-Burgen-Wanderweg, der auch über deutsches Gebiet verläuft, führt am Hotelrestaurant *Gimbelhof (Tel. 03 88 94 43 58 | Mo/Di geschl. | www.gimbelhof.com | €)* vorbei. *Juli/Aug. tgl. 10–18, Mitte März–Juni und Sept./Okt. 10–17.30, Jan.–Mitte März So 12–16 Uhr | 4,50 Euro | www.fleckenstein.fr*

INSIDER TIPP HUNSPACH UND SEEBACH

(129 D3) *(G3)*

Schöne Fachwerkhäuser, Blumen, lauschige Höfe und keine Bausünden: Nirgendwo schaut es authentischer aus als 10 km südlich von Weißenburg. In Hunspach vermietet die *Maison Ungerer (3, Rue de Hoffen | Tel. 03 88 80 59 39 | www.maison.ungerer.com | €)* drei Gästezimmer. Das genauso hübsche Seebach ist durch die Streisselhochzeit noch bekannter. Bei diesem größten Volksfest des Elsass erfährt man, wie in alter Zeit geheiratet wurde. Seebach ist zudem für alle Weinfreunde wie ein Lottogewinn: Biowinzer Peter Jülg vermietet in seiner INSIDER TIPP *Maison Jülg (116, Rue des Églises | Tel. 03 88 94 79 98 | Do/Fr*

Trachten, Traditionen, Trubel: Streisselhochzeit in Seebach

14–17, Sa 9–12 und 13–18 Uhr | www.vinsjulg.fr) zwei Gästezimmer (€). Weinproben sind hier ein Vergnügen! „Ihr könnt später weitertrinken", wird man zum Abendspaziergang verabschiedet, was keine üble Idee ist. Und das Frühstück ist so opulent, dass man sich den Frühstückswein verkneifen muss.

MAISON RURALE DE L'OUTRE-FORÊT

(129 D3) (*🗺 F3*)

Das Freilichtmuseum 17 km südlich in Kutzenhausen widmet sich dem bäuerlichen Leben früherer Zeiten, als Suppen noch auf dem Feuerherd gekocht wurden. Jeden Sommer finden hier Konzerte, Handwerkervorführungen und kulinarische Workshops statt. *1, Place de l'Église | Mai–Sept. Di–So 11–18, Okt.–Weihnachten und Feb.–April Mi/Do 11–17, Sa/So 14–18 Uhr | 6 Euro | www.maison-rurale.fr*

OUVRAGE DE SCHŒNENBOURG ●

(129 D3) (*🗺 G3*)

Weil Frankreich nach dem Ersten Weltkrieg eine deutsche Revanche befürchtete, baute es an seiner Ostgrenze eine Kette von unterirdischen Festungen: die Maginotlinie. Im Blitzkrieg 1940 wurde das Bollwerk von der deutschen Wehrmacht umgangen und blieb so gut wie unversehrt. Das *Artilleriewerk Schœnenbourg* gut 10 km südlich beim gleichnamigen Dorf kann als eines der wenigen besichtigt werden. In bis zu 30 m Tiefe befinden sich Küche, Lazarett, Kraftwerk und Werkstätten. Auch eine Schmalspurbahn wurde gebaut. *Mitte April–Sept. tgl. 14–16, So auch 9.30–13, Okt. Sa 14–16, So 9.30–11 und 14–16 Uhr | 7 Euro | www.lignemaginot.com*

INSIDER TIPP SAUERDELTA

(129 F3) (*🗺 H3*)

Schmetterlinge, Orchideen, Herbstzeitlosen: 25 km südöstlich bei Munchhausen gibt das wasserreiche Delta de la Sauer der Natur ein anderes Gesicht. Jeden Herbst landen hier 150 Störche auf ihrem Weg gen Süden, im Mai/Juni sieht man Glühwürmchen. Tourenvorschläge am Parkplatz.

STRASSBURG

KARTE IM HINTEREN UMSCHLAG (131 E–F2) (🗺 E–F6) **Direkt vor dem Hauptportal der Kathedrale sitzt ein stämmiger Mann und stimmt einen engelsgleichen Gesang an: Obertonmusik. Noch in Sichtweite schmettert eine Gipsy-Kapelle ihre Lieder, während sich gegenüber ein Pantomime in Zeitlupe bewegt. Vielleicht findet heute auch eine Demo statt, für oder gegen was auch immer, ganz sicher aber ein Markt mit Obst, Gemüse, Wurst, Käse und Klamotten.**

Das ist Straßburg, die Straßencafés sind voll, an jeder Ecke ist etwas los, das Stimmengewirr babylonisch. Menschen aus ganz Europa und der halben Welt haben hier ein Zuhause gefunden, drei Weltreligionen können sich hier entfalten, und jährlich möchten Millionen die *capitale Européene* (276 000 Ew.) anschauen. Und da gibt es ja bekanntlich vieles zu bestaunen rund ums Münster, in dieser riesigen Fußgängerzone auf dem Weltkulturerbe der Grande Île, dort, wo schon die Römer vor über 2000 Jahren ihre Zelte aufschlugen.

Nach diesen kamen die Alemannen, später Merowinger, Deutsche, Franzosen und im 20. Jh. ein Sprachenwechsel. Hat es der ehemaligen „Silberburg" – so die Übersetzung ihres lateinischen Namens Argentoratum – etwa geschadet? Nein, auch wenn sie die Veränderungen ungefragt mitmachen musste, hat sie doch davon profitiert, wie die vielfältige und wahrhaftig europäische Bausubstanz bestens illustriert. Da gibt es Fachwerk zuhauf, mal klein und windschief, mal

Bild: Illufer in der Petite France

Weltoffen und gemütlich: Die multikulturelle Europastadt vereint deutsches Erbe und französische Lebenskunst zu einem tollen Mix

WOHIN ZUERST?
Bester Ausgangspunkt ist die **Place Gutenberg (U C4)** *(c4)*; von dort sind es jeweils maximal 250 m zur Place Kléber, zum Palais Rohan an der Ill, zur Kathedrale und ins Altstadtviertel mit der Place Marché Gayot. Ein Parkhaus liegt direkt am Platz, die Tramlinien A und D halten keine fünf Gehminuten entfernt an der Station Grand'Rue.

prachtvoll und mächtig, Zeugnisse jener Epoche, als Straßburg Freie Reichsstadt war und Nationalstaaten noch unbekannt. Auch klassizistische Paläste und strenge Plätze finden sich wie überall, wo Frankreichs Statthalter sich verewigen durften. Aber gerade auch die relativ kurze deutsche Epoche hat die Stadt mit Historismus und Jugendstil deutlich geprägt.
Dennoch: Straßburg ist heute Strasbourg, eine augenscheinlich französische Stadt, die sehr selbstbewusst als Handels-, Wirt-

Prachtvolle Symmetrie: die Rosette über dem Westportal des Münsters

schafts- und Bildungszentrum das Heft in die Hand nimmt und sich wieder und wieder städtebaulich neu erfindet. Bei aller Urbanität hat sich Straßburgs alemannische Seele erhalten. „Stroßburis" Sehnsucht heißt Gemütlichkeit, auch wenn sie wie alle Metropolen mit Theater-, Tanz- und Musikfestivals ganz schön auf den Putz haut.

SEHENSWERTES

BLINDEN-STADTMODELL (U C5) (*🕮 c5*)

Das 2012 vom deutschen Künstler Egbert Broerken geschaffene Bronzemodell auf der Place d'Austerlitz präsentiert die Straßburger Innenstadt in Klein. Die Beschriftung erfolgte in der Blindenschrift Braille. Der Platz wurde neu gestaltet und hat jetzt mit netten Cafés Pariser Charme. Gegenüber zeigt die Galerie La Chambre internationale Fotokunst.

BOIS DE LA ROBERTSAU (O) (*🕮 O*)

Picknicken, spazieren gehen, Fußball spielen: Der Schlosspark in der Robertsau ist groß genug für alles Mögliche, so auch für Kunstwerke wie Barry Flanagans Hase „The Bowler". Folgt man dem Rheindamm, wird aus dem Park eine Rheinauenlandschaft, sogar mit Badesee *(Blauelsand)* vis-à-vis vom Rhein. Nicht bayrisch, aber trotzdem gut ist der Biergarten *Le Jardin Pourtalès (tgl. | €)* am Eingang zum Park.

CATHÉDRALE NOTRE-DAME ★ (U C4) (*🕮 c4*)

Von der elsässischen Ebene kommend, sieht man lange Zeit nur das Straßburger Liebfrauenmünster, die Stadt selbst erst viel später. Wie mag der Eindruck in früheren Zeiten gewesen sein, als Straßburg noch keine Hochhäuser kannte? Bis 1875 war das 144 m hohe Liebfrauenmünster das höchste Gebäude der Welt. Seine Ursprünge liegen in einer romanischen Kirche; nach einem Blitzeinschlag wurde es von 1176 bis 1439 nach dem Vorbild der gotischen Kathedralen Frankreichs aus dem roten Sandstein der Vogesen erbaut. Herausragend im Wortsinn ist der 142 m hohe Nordturm, der trotz anderer Vorsätze nie ein zweites Pendant bekam. Stattdessen hat die Kirche eine über 332 Stufen zu erreichende *Plattform (April–Sept. tgl. 9.30–20, Okt.–März 10–18 Uhr | 5 Euro),* auf der schon der junge Goethe seine Höhenangst besiegen wollte.

Im Inneren gehören u. a. Altäre, Rosette, Bleiglasfenster, Wandteppiche sowie die astronomische Uhr mit *Apostelprozession (Mo–Sa 12.30 Uhr | 2 Euro)* zu den bemerkenswerten Besonderheiten. Das Uhrwerk mit einer Erdbahn, einer Mondbahn und den Bahnen der damals bekannten Planeten Merkur bis Saturn stammt vom genialen Straßburger Uhrmacher Jean-Baptiste Schwilgue (1776–1856). Sein Zeitmesser schlägt – weltweit einmalig! – 12.30 Uhr und hat Zahnräder, die die Präzession der Erdachse nachbilden, sich also für eine Umdrehung 25 800 Jahre Zeit lassen. Ein Höhepunkt ist ein Besuch am 20. März (sowie an den fünf folgenden Tagen) zur Tag-und-Nacht-Gleiche. Dann fällt durch ein Fenster der Südfassade ein grüner Lichtstrahl über das Haupt Christi auf den Baldachin der Kanzel.

Zu den immerwährenden Glanzlichtern gehören die Portale mit ihrem Harfenmaßwerk sowie die unzähligen Figuren und Wasserspeier. Etliche Originale sind gegenüber in der ehemaligen Münsterbauhütte, dem INSIDER TIPP *Musée de l'Œuvre Notre-Dame (2, Rue du Vieux Marché aux Poissons | Di–So 10–18 Uhr | 6,50 Euro),* aus der Nähe zu sehen. Dort befindet sich auch Straßburgs schönste steinerne Wendeltreppe, an der sich die damals besten Bildhauer der Welt verkünstelten. Und im Sommer wird die Frontseite zur Projektionsfläche für Lichtspiele.

Interessant sind auch die Glocken: Sie wiegen rekordverdächtige 32 t. Das Münstergeläut zählt zu den schönsten Europas. Die beste Sicht auf Rosette und Kirche haben Sie übrigens von der Rue Mercière. *Place de la Cathédrale | tgl. 7–11.20 und 12.40–19 Uhr | www.cathedrale-strasbourg.fr*

INSIDER TIPP CHÂTEAU MUSÉE VODOU
(0) (*0*)

Wer sich vor Totenschädeln gruselt, sollte hier nicht rein. Das in einem Wasserturm aus der Kaiserzeit installierte Voodoomuseum präsentiert die westafrikanischen Religionen in all ihren Facetten. Bemerkenswert ist der Ahnenkult. Der Großteil der Exponate wurde in der zweiten Hälfte des 20. Jhs. vom Straßburger Sammler Marc Arbogast in Ghana, Togo,

MARCO POLO HIGHLIGHTS

★ **Petite France**
Heimelig und schön: durchs alte Straßburg flanieren → S. 51

★ **Cathédrale Notre-Dame**
Eine der schönsten Kirchen der Welt → S. 46

★ **Bootsfahrt auf der Ill**
Standrundfahrt mal anders: im Panoramaboot vom Mittelalter nach Europa → S. 55

★ **Musée d'Art Moderne et Contemporain (MAMC)**
Groß und gut: der Straßburger Kunsttempel → S. 49

★ **Europaviertel**
Wo Europa architektonisch gut dasteht → S. 48

★ **Chez Yvonne**
Traditionelle Weinstube: das Elsass zum sattsehen und satt essen → S. 53

Benin und Nigeria zusammengetragen. Auf vier Ebenen werden Masken, Trachten, Plastiken und „verzauberte" Alltagsgegenstände ausgestellt. *4, Rue de Koenigshoffen | Mi–So 14–18 Uhr | 14 Euro | www.chateau-vodou.com*

EUROPAVIERTEL ★ (U F1) (🕮 f1)
Auch wenn in Sachen Europa die Musik in Brüssel spielt, die Straßburger lassen sich ihr Europa nicht nehmen und warten an den Glas- und Stahlpalästen des Europäischen Parlaments, des Europarats und des Europäischen Gerichtshofs für

Transparenz symbolisiert der Glaspalast, in dem das Europaparlament tagt

Menschenrechte am Ufer des Bassin de l'Ill ständig mit Neuem auf, z. B. mit neuen Sitzbänken draußen, die von Designern aus der EU gestaltet wurden. Hin kommen Sie mit der Tramlinie E. Drinnen gibt es seit 2017 im *Parlamentarium Simone Veil (Bâtiment Louise Weiss | Tel. 03 88 17 40 01 | Mo 17–18, Di/Mi 9–12 und 15–18, Do 10–12 Uhr | short.travel/els6)* ein 360-Grad-Panoramakino, interaktive Stationen zu europäischen Themen und ein Rollenspiel für 16 bis 32 Personen. „Normale" Führungen (Ausweis nicht vergessen!) gibt es nur nach Anmeldung *(Europaparlament Tel. 03 88 17 45 74, Europarat Tel. 03 88 41 20 29)*. Einen prima Kontrast dazu bildet vis-à-vis die ausgedehnte Parkanlage der *Orangerie*.

MAISON KAMMERZELL (U C4) (🕮 c4)
Obwohl es direkt neben dem Münster eher klein wirkt, ist dieses 1467 erbaute Bürgerhaus ein regelrechter Fachwerkpalast. Der schönste Renaissance-Fachwerkbau der Stadt ist heute ein Hotel *(9 Zi. | €€€)* und ● Restaurant *(16, Place de la Cathédrale | Tel. 03 88 32 42 14 | www.maison-kammerzell.com | €€–€€€)* mit Sommerterrasse. Das Restaurant ist mit drei großen Wandmalereien (Tantalos-

qualen, Henkersmahlzeit, Narrenschiff) des elsässischen Jugendstilkünstlers Léo Schnug von 1904 bemalt, von dem auch die Wandmalereien in der Hohkönigsburg stammen.

INSIDER TIPP MUSÉE ALSACIEN
(U C5) (*c5*)
Das schon 1907 gegründete Elsässische Museum ist in einem Fachwerkbau aus dem 17. Jh. untergebracht. Alle Räume sind originalgetreu eingerichtet, so z. B. eine Wohnstube im Renaissancestil, eine Apotheke, eine Schmiede und vieles mehr. Jeder Raum ist reich bestückt mit Möbeln, Gemälden, Alltagsgegenständen, Werk- und Spielzeug der jeweiligen Epoche. *23–25, Quai Saint-Nicolas | Mi–Mo 10–18 Uhr | 6,50 Euro | www.musees.strasbourg.eu*

MUSÉE D'ART MODERNE ET CONTEMPORAIN (MAMC) ★ (U A5) (*a5*)
Der Fundus des Museums für Moderne und Zeitgenössische Kunst ist unglaublich groß, sodass ständig neue, immer wieder überraschende Ausstellungen aus dem Hut gezaubert werden. Stark vertreten sind die Straßburger Künstler Hans Arp und Gustave Doré. Der Museumsshop ist außergewöhnlich gut mit Fotobänden, japanischen Zeichenbüchern und Kunstbänden bestückt. Von der Terrasse des *Art Cafés* im 1. Stock öffnet sich ein großartiger Blick auf die Stadt. *1, Place Jean Arp | Di–So 10–18 Uhr | 10 Euro | www.musees.strasbourg.eu*

MUSÉE HISTORIQUE (U C5) (*c5*)
Reiche Stadt, reiche Geschichte: Straßburgs unterschiedliche Epochen werden im Historischen Museum ausgiebig gewürdigt – mit Mode, Waffen, Alltagsgegenständen und einem 78 m² großen Stadtmodell aus dem Jahr 1727. *2, Rue du Vieux Marché aux Poissons | Di–So 10–18 Uhr | 6,50 Euro | www.musees.strasbourg.eu*

MUSÉE TOMI UNGERER (U D3) (*d3*)
Wie gut, dass er ein Workaholic ist. Der 1935 geborene Tomi Ungerer zeichnet seit seiner Kindheit. Hier finden Sie Plakate, Collagen, Fotos sowie Entwürfe – und Spielzeug, das sammelt er nämlich auch. Regelmäßig wird Neues ausgestellt, zudem Zeichnungen von Kollegen. Im Keller befinden sich die nicht jugendfreien Werke des Enfant terrible. *2, Avenue de la Marseillaise | Mi–Mo 10–18 Uhr | 6,50 Euro | www.musees.strasbourg.eu*

MUSÉE ZOOLOGIQUE (U E4) (*e4*)
Nachgebaute Arktis- und Andenlandschaften mit präparierten Tieren schaffen eine fast perfekte Illusion. Die Sammlung ist eine der größten Frankreichs. *29, Boulevard de la Victoire | Mi–Mo 10–18 Uhr | 8 Euro | www.musees.strasbourg.eu*

LOW BUDG€T

Straßburgs städtische Museen (das sind fast alle!) sind an jedem ersten Sonntag im Monat gratis.

Straßburg lässt sich auch ganz bequem im Sitzen von einem Fensterplatz in der Tram aus entdecken. Das Tagesticket kostet nur 4,30 Euro. *www.cts-strasbourg.fr*

Die Franzosen sind verrückt nach Ton- und-Licht-Spektakeln *(Son et Lumière)*. In den Sommermonaten wird das Münster oder auch die Presqu'île Malraux mit Lichteffekten und sphärischer Musik à la Jean-Michel Jarre in Szene gesetzt.

INSIDER TIPP **LA NEUSTADT** (U C–D 2–3) *(c–d 2–3)*

Das Elsass braucht eine Hauptstadt, tönte Kaiser Wilhelm. Das mittelalterliche Straßburg wurde innerhalb weniger Jahrzehnte modernisiert, mehrere Stadtviertel wurden aus dem Boden gestampft, darunter die sogenannte Neustadt mit ihren Avenuen und Prachtbauten im Historismus und *art nouveau* (Jugendstil). Bis heute steht das wilhelminische „Deutsche Viertel" unversehrt da, weshalb es 2017 zum Unesco-Weltkulturerbe erklärt wurde. Am „Kaiserplatz" alias Place de la République konzentriert sich der größte Protz: der Kaiserpalast (heute *Palais du Rhin*), die *Bibliothek* mit ihrer gigantischen Wendeltreppe und der Landtag, in dem heute das *Théâtre National* residiert. Kleinster Blickfang ist der Kaiser himself, der im schmiedeeisernen Geländer verewigt wurde. Ebenfalls zur Neustadt gehört der *Bahnhof*, der durch einen Glasüberbau mit der Postmoderne verkuppelt wurde. Für Spaziergänge hält das Office de Tourisme eine Broschüre *(4,50 Euro)* mit allen wichtigen Sehenswürdigkeiten bereit. Ein guter Platz, um sich dafür zu präparieren, ist das *Café Brant (11, Place de l'Université Tel. 03 88 36 43 30 | tgl. | www.cafe-brant.fr | €–€€)* gegenüber der Universität und dem Goethe-Denkmal mitten in „La Neustadt".

PALAIS ROHAN ● (U C4–5) *(c4–5)*

Fast quadratisch liegt der Barockbau aus dem 18. Jh. zwischen Ill und Münster. Gleich drei Museen sowie eine Galerie haben Platz in der ehemaligen Residenz des Straßburger Fürstbischofs. Während das Museum für schöne Künste *(Musée des Beaux-Arts)* im zweiten Stock den alten Meistern (Rubens, Goya, van Dyck) gehört, führt das Archäologische Museum *(Musée Archéologique)* im Untergeschoss in die Steinzeit und zu den Merowingern. Das Kunstgewerbemuseum *(Mu-*

Mal kein Puppenstubencharme: In der wilhelminischen Neustadt erleben Sie ein ganz anderes Elsass

sée des Arts Décoratifs) im Erdgeschoss stellt den Luxus (Gobelins, Chinoiserien, Stuck ...) aus, wie ihn Frankreichs Könige und Bischöfe so sehr liebten. *2, Place du Château | alle Mi–Mo 10–18 Uhr | 6,50 Euro | www.musees.strasbourg.eu*

PETITE FRANCE ★

(U A–B 4–5) *(a–b 4–5)*

Wer nicht hier war, war nicht in Straßburg. Das Klein Frankreich genannte Viertel hat seinen Namen aus der Zeit, als im damaligen Gerberviertel *Quartier des Tanneurs* die Syphilis grassierte, damals Franzosenkrankheit genannt. Mit seinen Gassen, Winkeln, Ecken, Brücken und Schleusen sowie den imposanten alemannischen Fachwerkhäusern und der gewaltigen Wasserfläche ist es der malerischste Ort der Stadt. Sogar bei Nebel – *bonjour, mélancholie* – ist es hier schön. Obwohl das Viertel täglich von Tausenden Touristen überrannt wird, gibt es hier immer noch lauschige Ecken. Wie bezaubernd das Viertel ist, zeigt sich vom Schleusenwehr *Barrage Vauban.*

SAINT-PIERRE-LE-JEUNE

(U B3) *(b3)*

Straßburgs stimmungsvollste Kirche ist verwinkelt, uralt, geheimnisvoll. Der Kreuzgang gehört zu den ältesten nördlich der Alpen, absolut sehenswert sind die Fresken, die Europas Nationen auf dem Ritt nach Jerusalem zeigen. *3, Rue de la Nuée Bleue | Mitte März–Okt. Mo 13–18, Di–Sa 10.30–18, So 12–18 Uhr, Nov.–Mitte März Mo und Do geschl. | Eintritt frei*

SAINT-THOMAS (U B5) *(b5)*

Die fünfschiffige protestantische Kirche ist die einzige Hallenkirche der Region. Auf der Silbermann-Orgel gaben schon Mozart und Albert Schweitzer Konzerte. Achten Sie unter den vielen Grabmälern auf eines mit einer bemerkenswert realistischen Grabplatte: Sie zeigt einen verwesenden Kadaver. *Place Saint-Thomas | Mo–Sa 10–12 und 12.30–17, im Sommer auch So 12–17 Uhr | Eintritt frei*

ESSEN & TRINKEN

À L'AIGLE (131 E1) *(E5)*

In Bezug auf Flammkuchen wird im gut 10 km nordwestlich gelegenen Vorort Pfulgriesheim die reine Lehre gepredigt: Nur zwei Arten – mit und ohne Käse – werden serviert, natürlich auf dem Holzbrett. Der Teig wird selbst gemacht, im Ofen brennt selbstverständlich echtes Holz. Herrlich knusprig! *22, Rue Principale | Pfulgriesheim | Tel. 03 88 20 17 80 | So/Mo und mittags geschl. | www.alaigle.fr | €*

AMORINO (U C4) *(c4)*

Eis in der Waffel kennt man ja, Eis in einer *focaccina* genannten Brioche aber noch nicht. Das heiß-kalte Vergnügen schmeckt wunderbar! *11, Rue Mercière | tgl. 11–24 Uhr | www.amorino.com*

LA CLOCHE À FROMAGE (U C5) *(🗺 c5)*
Käse als Erlebnis: Raceltte, Fondues und Menüs, deren Gänge auf einzelnen Käsesorten beruhen und die sieben Käsesorten mit 15 Geschmacksnoten bieten – so etwas gibt es nur im Land der 1000 Käsesorten. Das dazu passende Käsegeschäft liegt gleich gegenüber. *27, Rue des Tonneliers | Tel. 03 88 23 13 19 | tgl. | www.fromagerie-tourrette.com | €–€€*

LA CORDE À LINGE (U B4) *(🗺 b4)*
Auch wenn das Restaurant mitten in der touristischen Petite France liegt, wird es doch von den Einheimischen frequentiert. Straßburg liebt eben *les spaetzeles* – und das Draußensitzen, hier direkt mit Blick auf den Kanal. *2, Place Benjamin Zix | Tel. 03 88 22 15 17 | www.lacordealinge.com | tgl. | €*

EAST CANTEEN (U C4–5) *(🗺 c4–5)*
Die East Canteen hat sich auf fernöstliches Streetfood spezialisiert, heraus kommt eine elsässische Spielart der Fusionküche, etwa wenn der japanische Pfannkuchen *(okonomiyaki)* mit Elsässer Kraut gemacht wird. Die knusprigen Hähnchen sind super! *2, Place des Orphelins | Tel. 03 67 68 01 08 | tgl. | eastcanteen.com | €*

FINK' STUEBEL (U B5) *(🗺 b5)*
Die von der Decke hängenden Schinken räuchert der Wirt selbst. Er lebt und liebt die Heimatküche alter Schule. Die Sauce für seine sensationelle Königinpastete besteht zur Hälfte aus Rahm – das schmeckt man! Zum Haus gehört das *Fink' Neschtel* (€): fünf gemütliche Gästezimmer im elsässischen Stil. *22, Rue de Finkwiller | Tel. 03 88 25 07 57 | So/Mo geschl. | finkstuebel.free.fr | €€*

INSIDER TIPP **GRAND'RUE**
(U B4) *(🗺 b4)*
Was gibt es Schöneres, als mit leichtem Appetit in Straßburgs älteste Straße einzubiegen und sich von den alten und neuen Bistros und Bars, Cafés und Teestuben inspirieren zu lassen? Hier gibt es pfiffige Hausmannskost *(Le Troquet des Kneckes)*, frisch gezauberte Suppen und Salate mit Zutaten aus der Region *(Pur etc.)*, Käse und Schinken aus *bella Italia*, einen mit roter Grütze und Sahne aufgepimpten Superkäsekuchen *(Salon de Thé Grand'Rue)*, belgische Pommes, Veggieburger, Streetfood aus Tibet und, und, und. Hier köchelt die Welt! Wer mit den Köstlichkeiten lieber picknicken will, findet gleich um die Ecke am Quai de la Petite France Platz und Grillstellen.

INSIDER TIPP **LES HARAS** (U B5) *(🗺 b5)*
Dreisternekoch Marc Haeberlin hat im ehemaligen Gestüt der Stadt nach allen Regeln der Kunst eine Brasserie installiert. Frontcooking, große Portionen und eine preisgekrönte Innenarchitektur lassen staunen. *23, Rue des Glacières | Tel. 03 88 24 00 00 | tgl. | www.les-haras-brasserie.com | €€€*

LE MICHEL CAFÉ BRASSERIE
(U D3–4) *(🗺 d3–4)*
Vive la France! Wo, wenn nicht hier, kann man live erleben, wie eine französische Brasserie funktioniert und das Mittagessen mit einem *rouge* gefeiert wird? Köstlich ist auch das Gebäck aus eigener Produktion; ein Stück Gugelhupf auf die Hand rettet den Tag! *20, Avenue de la Marseillaise | Tel. 03 88 35 45 40 | Sa-Abend und So geschl. | €*

INSIDER TIPP **AU PONT CORBEAU**
(U C5) *(🗺 c5)*
Klein, aber fein und ja, auch etwas eng. Aber egal, hier wird man schon mal um-

gesetzt und sitzt mit wildfremden Leuten zu Tisch, doch eine *Winstub* wie diese macht das wieder wett, ja sie lebt davon. Zartes Fleisch, feine Saucen und natürlich Spätzle sind hier jedes Mal eine Feierstunde der guten elsässischen Küche. *21, Quai Saint-Nicolas | Tel. 03 88 35 60 68 | So-Mittag und Sa geschl. |* €–€€

CAFÉ RECK (U C4) *(c4)*
Idealer Boxenstopp beim Shoppen. Für diese stylishe Cafébar würde wohl auch George Clooney fremdgehen. *8, Rue Mésange | Di–Sa 8.30–18 Uhr | www.cafesreck.com*

LE TARBOUCHE (U D4) *(d4)*
In dieser Eckkneipe in der Krutenau treffen sich die Hipster und Liebhaber der orientalischen Küche. Gurken-Tomaten-Salat, Hummus und Schawarma sind eine Wucht. Auch zum Mitnehmen. *22, Rue de la Krutenau | Tel. 03 88 35 00 48 | So geschl. |* €

CHEZ YVONNE ★ (U C4) *(c4)*
Für die Mannschaft im ehemaligen Burjerstuewel bleibt das Elsass das Maß aller Dinge, in der heimeligen Einrichtung und auch auf dem Herd. Straßburg dankt es ihr, auch die Prominenz labt sich an Eisbein, Presskopf und, jawohl, *maennerstoltz. 10, Rue du Sanglier | Tel. 03 88 32 84 15 | tgl. | www.chez-yvonne.net |* €€

EINKAUFEN

Auch beim Einkaufen sind die Elsässer echte Franzosen: Sie sind verrückt nach Shoppingmalls wie *Les Halles (Place des Halles* (U A–B3) *(a–b3))* oder der 85 Geschäfte starken *Rivetoiles (3, Place Dauphine* (U D6) *(d6) | www.rivetoile.com)* südlich der Innenstadt. Mode- und Designerboutiquen konzentrieren sich in den Straßen *Rue des Hallebardes, Rue Mésange* und *Rue des Grandes Arcades* (U B–C4) *(b–c4)* sowie im Geflecht von Straßen und Gassen rund ums Münster, Feinkostläden mit Wein, Käse, Wurst findet man meist in den Gassen. Achtung: Am Montagvormittag sind viele Geschäfte geschlossen!

Stylish: Brasserie Les Haras im einstigen Gestüt der Stadt

L'ARTISAN PARFUMEUR
(U B–C4) *(b–c4)*
Die kleine Parfümerie ist ein Schatzkästlein in Sachen exklusiver Düfte und Modeschmuck. Die mit Halbedelsteinen und Emaille verzierten Ringe, Ohrringe, Broschen, Armreife sieht man öfters in Straßburg. *3, Rue de l'Outre*

ARTS & COLLECTIONS D'ALSACE

(U C5) (🕮 c5)

Tischdecken und Brottaschen aus dem elsasstypischen Leinenstoff Kelsch, historische Fotografien und Geschirr und Töpferwaren gehören in jedes Touristengeschäft. Dieses hier ist anders, nicht so voll gestopft und angenehm unaufgeregt geführt. Keine Plüschstörche! *4, Place Marché aux Poissons | www.arts-collections-alsace.com*

INSIDER TIPP BRETZEL AIRLINES

(U C4) (🕮 c4)

Ein Elsass ohne Storch, Knackwurst und Brezel geht gar nicht. Aber es muss ja nicht immer von Onkel Hansi sein. Zwei Brüder brezeln mit frecher Bildsprache das Elsass zur coolen Weltmarke auf. Die T-Shirts, Poster und Sticker können sich sehen lassen! *Rue Juif/Rue du Parchemin | www.bretzelairlines.com*

BÜCHER- UND FLOHMARKT

(U C4–5) (🕮 c4–5)

Jeden Samstagvormittag findet zwischen Place Gutenberg und Ancienne Douane ein schöner Flohmarkt mit Büchern, Geschirr und Krimskrams statt. Gutes Angebot, gehobene Preise.

LA DROGUERIE (U C4–5) (🕮 c4–5)

Schön gemachter Laden mit altem Mobiliar, der in Sachen Stoffe, Tücher, Garne wunschlos glücklich macht. Außerdem im Sortiment: Aufnäher, Knöpfe und süße Kinderkleidung. *20, Rue des Serruriers*

INSIDER TIPP MARCHÉ DES PRODUCTEURS (U C5) (🕮 c5)

Klein und fein, übersichtlich, aber gut bestückt: Der Erzeugermarkt am Samstagvormittag bringt die Köstlichkeiten des Elsass in die Stadt. Käse, Butter, Honig etc. stammen von kleinen Bauernhö-

Cabrio mal anders: im Boot über die Ill und durch die Petite France

fen und Metzgereien, vieles davon in Bioqualität. *Rue de la Douane*

MÉMÉ EN AUTRICHE (U C5) *(🕮 c5)*
Zwar gibt es nichts aus Österreich, aber dafür alles, was man nicht braucht, aber unbedingt haben oder verschenken will. Hier hat der Lifestyle sein Zuhause. *7 und 11, Rue des Bouchers*

MON ONCLE MALKER DE MUNSTER (U C5) *(🕮 c5)*
Warum in die Berge gehen? Dieser Laden ist *die* Anlaufstelle für Käse und andere Delikatessen aus den Vogesen. Auf Wunsch gibt es Sandwiches, z. B. *Knackknack* oder *L'Extrawurscht. 4, Place de la Grande Boucherie* | tgl. 10 – 19 Uhr

OENOSPHÈRE (U D5) *(🕮 d5)*
Benoît Hecker weiß, was ankommt: ein großes Weinsortiment, viel Atmosphäre und eine *bar à vin* zum Degustieren, z. B. mit einer gratinierten *tartine* oder einer *planchette de charcut'. 33, Rue de Zurich | www.oenosphere.com*

LE PETIT SOUK (U B4) *(🕮 b4)*
Auf kleinstem Raum tauchen Sie hier ein in die bunte Welt von Glaskugeln, Spielzeugautos und Plüschtieren. Diese kleine Boutique lässt träumen und erfüllt Träume. So süß! *113, Grand'Rue*

INSIDER TIPP **LE THÉ DES MUSES** (U B4) *(🕮 b4)*
Nachdenken und Tee trinken: Bei über 300 Sorten (auch Bio) aus aller Welt ist das wohl angebracht. Im angeschlossenen *salon de thé* lässt sich das bei Wohlfühljazz prima tun. *19, Rue Sainte-Barbe | thedesmuses.blogspot.com*

WILLIAMS H. (U B4) *(🕮 b4)*
Auch Männer haben einen Schuhtick. Dieser Schuhladen nimmt Maß und fertigt von Hand. Produktionszeit: drei Wochen. Die Schuhe werden verschickt. *17, Rue du Fossé-des-Tanneurs und 9, Rue de l'Église | www.williamsh.com*

FREIZEIT & SPORT

BOOTSFAHRT AUF DER ILL ★ (U C5) *(🕮 c5)*
Ob „pur" oder mit Menü, Weinprobe oder als Diskothek, eine Fahrt mit dem Panoramaboot über Ill und Kanäle ist eine wunderbare Sache. Wer sich für Stadtarchitektur (Fachwerk, Gründerzeit, Europaviertel) interessiert, wird große Augen machen. *Ablegestelle am Palais des Rohan | ab 9,90 Euro | www.batorama.fr*

BOWLING ● (O) *(🕮 O)*
Hier rollt die Kugel wie auf einer amerikanischen Bowlingbahn. Mit Bar, Restaurant und Billard. *Le Bowling de l'Orangerie | Tel. 03 90 41 68 00 | Mo–Sa 10–24, So 9–24 Uhr | ab 3,10 Euro/Person | www.jardinorangerie.fr/bowling.php*

FAHRRADVERLEIH
Mittlerweile herrschen in Straßburg holländische Verhältnisse, das *vélo* hat Vorrang und das Radwegnetz wächst und wächst. Tourentipps, etwa über die „Piste des Forts", Straßburgs Festungsgürtel im Umland, hat das Office de Tourisme. Leihräder gibt es reichlich, z. B. am Bahnhof: *Boutiques Vélhop | 1 Euro/Std., 10 Euro/24 Std. | velhop.strasbourg.eu*

NATURA PARC (131 E2) *(🕮 E6)*
Der Hochseilgarten in Ostwald 7 km südwestlich vom Zentrum bietet auf fünf verschiedenen Parcours Nervenkitzel pur. Die größte Herausforderung liegt auf 20 m Höhe. Außerdem im Programm sind eine GPS-Tour durch den Illwald und ein Pendelsprung über 15 m. *Rue de la Nachtweid | Ostwald | Ostern–Okt. Mi, Sa,*

Kulturpolitisches Kuriosum: die von Straßburg, Mulhouse und Colmar betriebene Rhein-Oper

So sowie in den Schulferien 13–18 Uhr | 10–24 Euro | www.naturaparc.com

INSIDER TIPP PRESQU'ÎLE MALRAUX

(U D–E6) (*d–e6*)

Auf der Halbinsel probiert sich Straßburg als Partystadt für alle. Mittendrin steht die neue *Médiathèque* mit einem ganzen Blätterwald internationaler Zeitschriften und einer Cafébar. Wenn die Sonne scheint, hockt keiner drin, dann feiert Straßburg an den ehemaligen Docks den Sommer auf 900 t Sand, die eigens aufgeschüttet wurden. Strand, Kinderprogramm, Liegestühle, Paddel- und Tretboote (gratis) sowie Livemusik und Animationen sorgen für ein ganz spezielles Mikroklima. Die Côte d'Azur ist nicht schöner, nur teurer. *ete.strasbourg.eu*

RIKSCHA-STADTRUNDFAHRTEN

(U F1–2) (*f1–2*)

Ungewohnt, aber lustig ist die Stadtentdeckung mit der Rikscha. Abfahrt ist – nur bei gutem Wetter – am Kathedralplatz. *Ab 25 Euro | Tel. 06 16 56 22 62 | www.cyclorama-strasbourg.com*

SEGWAYVERLEIH

Stehend auf Achse, allein oder mit einer Gruppe: Auch so können Sie die Stadt erkunden (ab 15 Euro/ 30 Min.). *One City Tours | 5, Petite Rue du Vieux Marché aux Vins | Tel. 09 84 46 39 24 | www.onecity-tours.com*

AM ABEND

Abends wird aus Straßburg „Stras", wie Junge und Junggebliebene ihre Stadt nennen. Schon donnerstags fängt für Studenten *le weekend* an, in den meisten Clubs ist der Eintritt dann gratis. Straßburg hat seine unverwüstlichen Klassiker, dazu gehören das *Café des Anges (5, Rue Sainte-Catherine* (U D5) (*d5*)), *La Salamandre (3, Rue Paul Janet* (U D5) (*d5*)) und der Houseclub *Living Room (11, Rue des Balayeurs* (U E4) (*e4*)), alle im Studentenviertel Krutenau. Die

Konkurrenz tanzt ganz in der Nähe in der *Rue de l'Arc en Ciel ((U D4) (📖 d4))* im *Le Phonograph* und dem trashigen *Le Mudd Club,* wo auch Bands spielen. Livemusik gibt es z B. bei *Les Savons d'Hélène (6, Rue Sainte-Hélène (U B4) (📖 b4))* und im *L'Artichaut (56, Grand'Rue (U B4) (📖 b4))*. Straßburgs definitiv größte Konzerthalle ist auch Frankreichs größte: *Le Zénith (1, Allée du Zénith (131 E2) (📖 E6) | www.zenith-strasbourg.fr)* bringt die Superstars in die Stadt, egal ob aus Chanson, Volksmusik oder Heavy Metal. Die kleinere *Laiterie (13, Rue du Hohwald | www.laiterie.artefact.com (O) (📖 O))* ist der Aktivposten in Sachen Rock, Pop, Reggae und mehr. Die Macher haben ein feines Näschen für die Trends von morgen. Wer selbst auf die Bühne will, findet Karaokebars wie *Bunny's Bar (1, Rue de l'Épine (U C5) (📖 c5))*, wo ein gewisser Student namens Emmanuel Macron als „König des Karaoke" und Chansonexperte in guter Erinnerung blieb. Für Klassik, Ballett und (auch deutschsprachiges) Theater sind *Rhein-Oper (19, Place Broglie (U C3) (📖 c3) | www.operanationaldurhin.eu), Théâtre National de Strasbourg (1, Avenue de la Marseillaise (U D3) (📖 d3) | www.tns.fr)* und *Le Maillon (neue Adresse ab Mitte 2018 in Strasbourg-Wacken (O) (📖 O) | www.le-maillon.com)* erste Wahl. Was wo stattfindet, erfährt man in Magazinen wie *Poly* und in der *Boutique Culture (10, Place de la Cathédrale (U C4) (📖 c4));* dort auch Kartenvorverkauf.

LES AVIATEURS (U C4) *(📖 c4)*

Eine zeitlose Institution: Schon ewig ist die „Fliegerbar" der heiße Tipp für alle Nachteulen. Das einzige Problem in der American Bar ist es, einen Platz an der Theke zu bekommen; aber das Anstehen lohnt sich. *12, Rue des Sœurs | Mo–Sa 20–4 Uhr | www.les-aviateurs.com*

INSIDER TIPP BINCH STUB

Mehr Straßburger Underground und Kunstszene auf weniger Quadratmetern geht nicht. Zum Meteor-Pils gibt es hier einen feinen Flammkuchen. Sehr eng, sehr cool – zur Not steht man halt draußen. *6, Rue du Tonnelet Rouge (U C4) (📖 c4) und 28, Impasse de l'Écrevisse (U C3–4) (📖 c3–4) | Di–So mittags und ab 18 Uhr | www.binchstub.fr*

INSIDER TIPP CABARET ONIRIQUE

(U D6) *(📖 d6)*

„Life is a Cabaret", schmetterte Sally Bowles im Film „Cabaret" und das gleiche Prinzip gilt auch für dieses umgebaute Schiff: Clowns, Chansons, Burlesque und mehr sorgen hier für eine für Straßburg einzigartige Show. Wer „nur" Bar will, findet im Kahn nebenan sein Glück. *Presqu'île Malraux | Mi–So 17–1 Uhr | www.cabaretonirique.com*

INSIDER TIPP PLACE MARCHÉ GAYOT

(U C4) *(📖 c4)*

Beim kurz PMG genannten Platz ist es egal, wo man hockt, Hauptsache, man hat einen freien Tisch ergattert. Hier hat man das Gefühl, dass ganz Straßburg beim Kaltgetränk die tropischen Nächte genießt.

THÉÂTRE DE LA CHOUCROUTERIE

(U B5) *(📖 b5)*

Zwar kann man hier auch *choucroute* essen, aber zuallererst ist die Choucrouterie eine Bühne, deren Direktor, der Kabarettist Roger Siffer, in beiden Sprachwelten zu Hause ist. So gibt es derben Witz und launige Stücke zum Welt- und Stadtgeschehen oftmals gleichzeitig auf zwei Bühnen in Elsässisch und Französisch. *20, Rue Saint-Louis | www.choucrouterie.com*

LE TROLLEY BUS (U B4) *(📖 b4)*

Ultracool ist dieser Treffpunkt für Erasmus-Studenten, Arte-Redakteure, Nachtschwärmer und Kellner, die hier nach getaner Arbeit noch zwei Bier kippen. *14, Rue Sainte-Barbe | tgl. 10.30–1 Uhr*

ÜBERNACHTEN

BEAUCOUR (U C5) *(📖 c5)*
Die eine Hälfte ist eher traditionell, die andere frei nach dem Motto „Erlaubt ist, was gefällt" eingerichtet. Da ist dann auch ein erotisches Zimmer dabei. *49 Zi. | 5, Rue des Bouchers | Tel. 03 88 76 72 00 | www.hotel-beaucour.com* | €€€

LE BOUCLIER D'OR (U B5) *(📖 b5)*
In diesem lauschigen Refugium mit Innenhof, Bar und unterirdischem Spa mit Oberlicht ist alles vom Feinsten. Das ehemalige Patrizierhaus wurde dank seiner Besitzer, des Ehepaars Jung, zum Kleinod. Er restauriert Möbel, sie setzt sie treffend in Szene. Sonntags Brunch für jedermann. *22 Zi. | 1, Rue du Bouclier | Tel. 03 88 13 73 55 | www.lebouclierdor.com* | €€€

INSIDER TIPP **GRAFFALGAR**
(U A4) *(📖 a4)*
Eine Kunstexplosion! Jedes Zimmer wurde von Künstlern aus dem Elsass anders gestaltet. Pop-Art, Street-Art, Graffiti und Comics machen Laune in diesem Hotel in Bahnhofsnähe , das Kunst und Upcycling lässig mixt. Auch Frühstück, Brunch und Mittagstisch in der angeschlossenen *La Graffateria* (€). *38 Zi. | 17, Rue Déserte | Tel. 03 88 24 98 40 | www.graffalgar.com* | €€

L'ETC ... HÔTEL (U B4–5) *(📖 b4–5)*
Gut versteckt in einer Gasse im Zentrum liegt das kleine Hotel, das in jedem Zimmer anders Farbe bekennt und künstlerisch gefallen will. Einziger Nachteil: Die Räume sind etwas schmal geschnitten. *35 Zi. | 7, Rue de la Chaîne | Tel. 03 88 32 66 60 | www.etc-hotel.com* | €–€€

HÔTEL PAX (U A4) *(📖 a4)*
Trotz Nähe zu Bahnhof und Stadtmitte sehr ruhig. Die Zimmer sind klar, einfach, sauber und preiswert. Schöner Innenhof fürs Frühstück, elsässisches Restaurant (€). *90 Zi. | 24, Rue du Faubourg National | Tel. 03 88 32 14 54 | www.paxhotel.com* | €–€€

HÔTEL RÉGENT ☀ (U B4–5) *(📖 b4–5)*
Die einstige Eisfabrik ist heute ein Designerpalast mit der wohl besten Lage in der Petite France und sensationellem Ausblick

MIT KELLER AUS DEM KELLER

Was wäre eine Hauptstadt ohne Fußball in der Ersten Liga? Die Straßburger lieben ihren Club Racing Strasbourg, der 1906 als FC Neudorf gegründet wurde. 1979 war man sogar französischer Meister. Aber irgendwann haben Mannschaften nicht nur kein Glück, sondern auch Pech – vor allem wenn überambitionierte Präsidenten auf den schnellen Erfolg aus sind. So erging es auch den Blauen, die nach unten durchgereicht wurden: 2011 war schließlich in Liga 5 Ende Gelände. Was für ein Desaster! Ein Konsortium mit dem ehemaligen Spieler Marc Keller an der Spitze baut seitdem die Marke wieder auf, mit rasantem Erfolg: 2017 spielte Racing schon wieder erstklassig. Das Ziel heißt nicht Meisterschaft, sondern solider Aufbau und Klassenerhalt. Jeder Sieg elektrisiert das Elsass. „Jetzt geht's los" und „Allez les Bleus" – das Stadion bebt.

Feiert bald den tausendsten: Dompeter in Avolsheim, die älteste Kirche des ganzen Elsass

auf Straßburgs schönste Fachwerkpaläste. In der *Bar Champagne (17–24 Uhr)* lässt sich stilvoll tief ins Glas schauen – oder ins Wasser, das hier vorbeirauscht. *75 Zi. | 5, Rue des Moulins | 03 88 76 43 43 | www.regent-petite-france.com* | €€€

HÔTEL SUISSE (U C4) (*🗺 c4*)
Charmantes Hotel vis-à-vis vom Münster, das durch die Fachwerkbauweise viele Aufs und Abs bietet. Auch Familienzimmer. *25 Zi. | 2–4, Rue de la Râpe | Tel. 03 88 35 22 11 | www.hotel-suisse.com* | €€

L'HÔTEL ROSES (U D4) (*🗺 d4*)
Alles neu, alles bunt, überall Rosen. Das Stadthotel ist nach der Renovierung nicht mehr wiederzuerkennen. Hübsch! Mit Sauna und Fitnessbereich. *32 Zi. | 7, Rue de Zurich | Tel. 03 88 36 56 95 | hotelroses-strasbourg.com* | €–€€

AUSKUNFT

17, Place Cathédrale (U C4) (*🗺 c4*) *| Tel. 03 88 52 28 28; Place Gare* (U A3–4) (*🗺 a3–4*) *| Tel. 03 88 32 51 49 | www.otstrasbourg.fr*

ZIEL IN DER UMGEBUNG

LA COURONNE D'OR
(131 D1–2) (*🗺 D6*)
Das Paradies liegt vor der Haustür, zumindest für die Straßburger, die hier 30 km westlich ihren Riesling einkaufen. Zu den Topadressen gehören z. B. *Clément Lissner (www.lissner.fr)* in Wolxheim und *Étienne Loew (www.domaineloew.fr)* aus dem Kirschendorf Westhoffen sowie die für ihren Crémant bekannte *Cave du Roi Dagobert (www.cave-dagobert.com)* in Traenheim. Ein Alternativprogramm bietet Ex-Winzer Daniel Lauth, der in der *Mikrobrauerei Lauth (www.brasserie-restaurant-lauth.com)* in Scharrachbergheim süffiges Bier braut und Flammkuchen backt. Die Liebhaber von Ziegenkäse ziehts auf den Sonnenberg in Nordheim, der seinen Namen zu Recht trägt: INSIDER TIPP *Le Fermier du Sonnenberg (www.fermecabri.com)* hat einen Shop und sonntags feines Essen. Das wichtigste historische Zeugnis steht in *Avolsheim:* Der romanische *Dompeter* von 1049 ist wohl die älteste Kirche des Elsass.

COLMAR & WEINSTRASSE

Beschaulich spazierend auf einem der vielen Weinlehrpfade oder abenteuerlustig auf alpinen Felsenwegen? In Colmar und Sélestat Kultur tanken oder in einem der unzähligen Weindörfer Wein genießen? In der Mitte des Elsass können Sie in jeder Hinsicht aus dem Vollen schöpfen.

Kühle Wälder, imposante Burgen und eine noch wenig bekannte Landschaft wie das Feuchtgebiet Le Grand Ried zwischen Ill und Rhein stehen für die große Vielfalt dieses Gebiets. Um Land und Leute noch besser kennenzulernen, bietet sich eine Übernachtung beim Winzer an – dann macht die Weinprobe doppelt Spaß. Wenn dann noch irgendwo Störche klappern und es nach Flammkuchen riecht, ist das Idyll perfekt.

COLMAR

(133 D3) (*D10*) **Isenheimer Altar! Maria im Rosenhag! Klein-Venedig! Unterlinden-Museum! Das kleine Colmar (68 000 Ew.) zieht mit seinen Schätzen Besucher aus aller Welt an – und bleibt doch ein gemütliches Städtchen, wo alles seine Zeit hat, z. B. ein Gläschen in der nächsten Weinbar.**

Touristen! So viele! Die kleine Departementshauptstadt (67 000 Ew.) kommt einigermaßen gut damit zurecht. Die Innenstadt mit ihren Prachthäusern aus der Renaissance ist eine einzige Fußgängerzone, und damit jeder seinen Weg findet, hat man alles beschildert. Links geht es ins Fachwerkidyll Petite Venise,

 Bild: Quartier des Tanneurs in Colmar

Bilderbuchidyllen in den Dörfern an der Weinstraße, Kultur und viel Leben in Colmar, Burgen und Natur an den Vogesenhängen

rechts zum Spielzeugmuseum und geradeaus zum Unterlinden-Museum ... Nur mittags ebben die Menschenströme etwas ab. Mittagessen! Wie gut, dass es so viele Restaurants gibt, nicht nur die Gäste sind hungrig, auch Colmar sitzt bei Tisch.

SEHENSWERTES

ÉGLISE DES DOMINICAINS

Martin Schongauers Gemälde ★ Madonna im Rosenhag von 1473 hat die riesengroße Dominikanerkirche ganz für sich alleine. Es zeigt eine auf Goldgrund gemalte Madonna mit Jesuskind. Das flammend rote Kleid symbolisiert die Passion Christi. Der kompakte Eindruck täuscht, ursprünglich war das Bild viel größer, wurde aber zu einem unbekannten Zeitpunkt beschnitten. Auch der Rahmen stammt nicht von Schongauer und verfälscht den ursprünglichen Eindruck. Neben der offensichtlichen Könnerschaft (Faltenwurf, naturalistische Darstellung der Natur etc.) gibt es auch auf der Rück-

Ausdrucksstark: der Isenheimer Flügelaltar im Musée d'Unterlinden

seite Meisterliches zu entdecken. *1, Place des Martyrs de la Résistance | Mitte März–Mitte Nov. tgl. 10–13 und 15–18 (Juni–Okt. Fr/Sa durchgehend), Mitte Nov.–Dez. tgl. 9–18 Uhr | 1,50 Euro*

HISTORISCHE HÄUSER

Colmars Häuser erzählen Geschichten. Das aus der Renaissance stammende *Koïfhus* (Kaufhaus) in der Grand'Rue berichtet mit seiner Balustrade und den Torbogen vom Reichtum der Stadt. Das klassizistische Gerichtsgebäude *(Tribunal)* in der gleichen Straße zeigt, wie sehr sich die Formensprache verändert hat. Kurios dort ist das Manneken Pis, ein Geschenk der Stadt Brüssel. Viel zu sehen gibt es auch in der Rue des Marchands, etwa die *Maison Pfister* (1507) mit geschnitztem Balkon, zweistöckigem Erker sowie der Darstellung der Habsburger Kaiser auf der Fassade. Das „Köpfehaus" *Maison des Têtes (19, Rue des Têtes)* von 1609 protzt mit über 100 Fassadenskulpturen und die Zunftstube der Ackerleute *(Poêle des Laboureurs | 7, Rue Vauban)* von 1626 trägt schon Merkmale des Barocks.

MUSÉE BARTHOLDI

New York, New York: Wer weiß schon, dass der Schöpfer der Freiheitsstatue, Frédéric-Auguste Bartholdi (1834–1904), aus Colmar stammt? In seinem Geburtshaus gibt es Pläne, Skizzen und Modelle sowie das Ohr der Freiheitsstatue in Originalgröße. Weitere Skulpturen vom Künstler gibt es in ganz Colmar zu entdecken. *30, Rue des Marchands | März–Dez. Mi–Mo 10–12 und 14–18 Uhr | 6 Euro | www.musee-bartholdi.fr*

MUSÉE DU JOUET

Gerade erwachsenen Besuchern geht das Herz auf, wenn sie die Eisenbahnen und Barbiepuppen sehen, mit denen sie ihre Kindheit „verspielten". *40, Rue Vauban | Juli/Aug., Dez. und alle frz. Schulferien tgl. 10–18, sonst Mi–Mo 10–17 Uhr | 5 Euro | www.museejouet.com*

MUSÉE D'UNTERLINDEN

Das Unterlinden-Museum ist eines der wichtigsten Frankreichs. Sein größter Schatz ist der ★ *Isenheimer Altar,* der im 16. Jh. von Matthias Grünewald geschaffen wurde. Der Renaissancekünstler bekam den Auftrag von den Antonitermönchen, die auf die Behandlung von

Mutterkornvergiftungen spezialisiert waren. Diese Vergiftungen rufen Wahnvorstellungen hervor, wie sie auf den zehn Tafeln des Altars in Bildern und Skulpturen zu sehen sind. Bemerkenswert ist die Wucht der Malerei, die Martyrium und Schmerzen Christi drastisch vor Augen führt. Im Gegensatz dazu leuchtet die Auferstehung in den schönsten Farben. Das Museum hat aber noch weit mehr zu bieten. 2016 wurde es vom Basler Architektenbüro Herzog & de Meuron neu gestaltet und vergrößert; jetzt gehört noch ein altes Bad aus der Kaiserzeit dazu, das unterirdisch mit dem ehemaligen Kloster verbunden ist. Gleichzeitig wurde INSIDER TIPP der Platz dazwischen aufgehübscht und der vorher unterirdische Fluss aus der Versenkung geholt. Sehr gelungen! Das neue Unterlinden hat nun Platz genug, um Surrealisten, das römische Mosaik von Bergheim oder eine gigantische Weinpresse angemessen zu zeigen. Neu ist auch das *Museumscafé. 1, Rue d'Unterlinden | Mi–Mo 10–18, Do bis 20 Uhr | 13 Euro | www.musee-unterlinden.com*

PETITE VENISE UND QUARTIER DES TANNEURS

Als wunderbare Heimstatt der guten alten Zeit präsentieren sich das ehemalige Gerberviertel *Quartier des Tanneurs* sowie die noch hübschere Krutenau, genannt ★ *Petite Venise.* Hier am Ufer der Lauch mit Kopfsteinpflaster und den vielen Restaurants und Weinstuben ist das Elsass besonders pittoresk. Der *Quai de la Poissonnerie* setzt dem Ganzen noch ein Krönchen auf. Gut zu genießen auf einer der Caféterrassen oder auf einer Tour mit dem Boot *(Ablegestelle Pont Saint-Pierre | März–Okt. und während des Weihnachtsmarkts tgl. 10–12 und 13.30–18.30 Uhr | 6 Euro/25 Min | www.barques-colmar.fr).*

SAINT-MARTIN

Auch dank des Renaissanceglockenturms ist das eigentlich gotische Martinsmünster natürlicher Fixpunkt im Stadtbild. Sehenswert ist auch der Chorumgang mit Kapellenkranz, Bleiglasfenstern sowie Skulpturen. *22, Place de la Cathédrale*

ESSEN & TRINKEN

CÔTÉ COUR-CÔTÉ FOUR

Kitsch? Na und! Auch wenn es in diesem lauschigen Hof vis-à-vis der Kathedrale Stilbrüche en masse gibt, das Essen ist eine Wucht! Die raffinierte Fischküche

MARCO POLO HIGHLIGHTS

★ **Madonna im Rosenhag in Colmar**
Eine der schönsten Mariendarstellungen überhaupt → S. 61

★ **Petite Venise**
Das alte Colmar, ein Platz zum Träumen → S. 63

★ **Isenheimer Altar in Colmar**
Erschreckend, ergreifend – ein starkes Stück deutscher Malerei → S. 62

★ **Bibliothèque Humaniste in Sélestat**
Hier spricht die Buchgeschichte Bände → S. 68

★ **Haut-Kœnigsburg**
Die stolze Burg wurde zum Wahrzeichen der ganzen Region → S. 72

★ **Mont Sainte-Odile**
Ein mystischer Ort → S. 73

wird genauso gefeiert wie ein blutiges Roastbeef. Die dazugehörige Bäckerei hält das Niveau. *11, Rue des Serruriers | Tel. 03 89 21 19 18 | So geschl. | €–€€*

JADIS ET GOURMANDE

Zwar lassen die Teddybären in dem entkernten Fachwerkhaus das Schlimmste befürchten, aber die Küche überrascht positiv mit Ideen, Frische und großen Portionen. *8, Place du Marché aux Fleurs | Tel. 03 89 41 73 76 | abends und So geschl. | €*

MEISTERMANN

Ein bei Einheimischen beliebtes Restaurant, das auch Flammkuchen auf der Karte hat. *2 a, Avenue de la République | Tel. 03 89 41 65 64 | Mo-Abend und So geschl. | www.meistermann.com | €–€€*

LE THÉÂTRE

So ein Theater aber auch! Die imposante Einrichtung – schwere Lüster, Emailleschilder, Samt – bildet die perfekte Kulisse für diesen auf Entrecôte und Burger spezialisierten Fleischtempel. *1, Rue des Bains | Tel. 03 89 29 29 29 | tgl. | www.restaurantletheatrecolmar.com | €–€€*

AUX TROIS POISSONS

Die Adresse, wenn Sie in Colmar Fisch essen wollen. Hier gibt es Zander mit Sauerkraut und frittierten Karpfen – aber auch Fleischgerichte. Am besten vorbestellen. *15, Quai de la Poissonnerie | Tel. 03 89 41 25 21 | So/Mo geschl. | www.aux-trois-poissons.fr | €€*

INSIDER TIPP L'UN DES SENS

Nachts leuchtet diese verschwiegene Weinbar wie eine Oase aus dem Dunkeln. Sie ist der ideale Ort für eine weinselige Weltreise mit frisch aufgeschnittenem *prosciutto,* dreierlei Arten Forellen oder Käse aus der Region. Wer sich hier niederlässt, möchte gar nicht mehr fort. Warum auch? *18, Rue Berthe Molly | Tel. 03 89 24 04 37 | So/Mo und außer Sa mittags geschl. | www.lun-des-sens.alsace | €*

EINKAUFEN

Die Liebe zu Colmar geht auch durch den Magen, wie Sie beim Bummeln feststellen werden. Eis mit *berewecke* (Trockenfrüchten) hat *La Sorbetière d'Isabelle (Rue des Marchands),* den besten Käse (Mi 12–14 Uhr auch Verkostungen) gibt es bei der *Fromagerie Saint-Nicolas (18, Rue Saint-Nicolas)* und die beste Wurst beim *Comptoir de Georges (1, Place des Six Montagnes Noires)* mit günstigem Mittagstisch und Abendessen. Eine kulinarische Welt für sich ist die Markthalle mit den Bioerzeugern *Les Six Saveurs (13, Rue des Écoles | Mo geschl.).* Für Jäger und Sammler ist der *Flohmarkt* vor der Kathedrale am Freitagvormittag ein Must.

AM ABEND

Das *Jupiler Café (24, Place de la Cathédrale)* mit seinem großen Gin- und Bierangebot ist ein Platz für alle, während *Les Incorruptibles (1, Rue des Écoles)* die Freunde von Rockmusik anspricht. Hier spielen auch Bands. Weitere Konzert- und Partyorte sind *L'Entracte (27, Rue Kléber)* und *Le Grillen (19, Rue des Jardins).*

ÜBERNACHTEN

GRAND HOTEL BRISTOL

Gegenüber vom Bahnhof Zimmer ohne Schnörkel, aber in schönen Farben. Mit Sauna, Hamam und Fitness. Zum Hotel gehört die Brasserie *L'Auberge (tgl. | €€)* mit preisgünstigem Mittagstisch. *91 Zi. | 7, Place de la Gare | Tel. 03 89 23 59 59 | www.grand-hotel-bristol.fr | €€€*

LE COLOMBIER

Klar und ohne Zierrat präsentiert sich das 1643 erbaute Haus mit seinem kunstverliebten Interieur, von der Niki-de-Saint-Phalle-Büste bis zum Corbusier-Sofa. *46 Zi. | 7, Rue de Turenne | Tel. 03 89 23 96 00 | www.hotel-le-colombier.fr* | €€–€€€

DOMAINE ROBERT KARCHER

Mitten in der Stadt und doch wie auf dem Land – über Colmars ältestem Holzfasskeller schläft es sich gut. Natürlich mit Weinprobe! *2 Zi. | 11, Rue de l'Ours | Tel. 03 89 41 14 42 | www.vins-karcher.com* | €

HÔTEL TURENNE

Das Hotel am Rand von Petite Venise hat sich in den letzten Jahren hübsch gemacht und vergrößert. Holz und frische Farben sind die zentralen Elemente. *93 Zi. | 10, Route de Bâle | Tel. 03 89 21 58 58 | www.turenne.com* | €–€€

AUSKUNFT

Place Unterlinden | Tel. 03 89 20 68 92 | www.ot-colmar.fr

ZIELE IN DER UMGEBUNG

BEBLENHEIM (133 D2) (*C–D9*)

Für den besten Flammenkuchen weit und breit lohnt sich der 12-km-Abstecher ins *Gambrinus (4, Rue des Raisins | Tel. 03 89 49 02 82 | Mo und mittags geschl. | www.legambrinus.fr* | €*)* mit lauschigem Hof, urigem Keller und einem super Bierangebot. Der Chef kennt sich aus, das merkt man. Dazu gehören eine Ferienwohnung und ein Hotel (€€) INSIDER TIPP in historischen Winzerhäusern, die mit den Antiquitätenschätzen des Patrons möbliert wurden. Viel schöner gehts kaum!

KAYSERSBERG (133 D2) (*C10*)

In dem viel besuchten, gut 10 km nordwestlich gelegenen Städtchen (2700 Ew.)

Eine Pracht nicht nur in Kaysersberg sind die kunstvoll-verspielten Gasthausschilder

Riquewihr, die „Perle der Weinstraße": autofreies Renaissancestädtchen inmitten von Weinbergen

reihen sich die Geschenkläden, Cafés und Weinstuben aneinander. Historisch bedeutsam sind das Renaissancerathaus, die Brücke mit einzigartiger Brustwehr und Schießscharten, die jeden Sommer beleuchtete Stauferburg sowie die mit Schnitzereien verzierte *Maison Bohn (Impasse du Père Staub)* von 1601. Zudem gibt es eine kleine *Glasbläserei (30, Rue du Général de Gaulle)* mit offener Werkstatt und das *Musée Albert Schweitzer (126, Rue du Général de Gaulle | Mitte März–Juni und Okt.–Mitte Nov. Do–Di 9–12 und 14–18, Juli–Sept. tgl., Mitte Nov.–Dez. Fr–So 9–12 und 14–19 Uhr | 2,50 Euro)* mit Fokus auf die afrikanischen Jahre des gebürtigen Kaysersbergers.

Am unteren Ende der Stadt kocht Olivier Nasti im *Le Chambard* im *Sternerestaurant* (€€€), in der *Winstub* (€–€€) und im Bistro *La Flamme* (€) Genüsse für jeden Geldbeutel. Mit seinem Spahotel *(32 Zi. | 9–13, Rue du Général de Gaulle | Tel. 03 89 47 10 17 | www.lechambard.fr | €€€)* hat er sein kulinarisches Imperium abgerundet. Sehr einfach, aber auch sehr lecker ist das Essen in dem ein paar Kilometer oberhalb im Wald gelegenen *Saint-Alexis (Tel. 03 89 73 90 38 | Fr geschl. | www.saintalexis.fr | €)*, das Sie über einen Wanderweg oder über die Fahrstraße erreichen.

RIBEAUVILLÉ (133 D2) *(🕮 C9)*

Das Städtchen (4800 Ew.) knapp 20 km nördlich, auf Deutsch Rappoltsweiler, gilt als Gesamtkunstwerk in Sachen Fachwerk und hat mit dem Mittelalterfest Pfifferdaj im September ein Event, das alle Grenzen sprengt. *Beauvillé (21, Route de Sainte-Marie-aux-Mines)* mit Fabrikverkauf verkauft außergewöhnliche Tischwäsche. Im Zentrum befindet sich in der Nähe der urigen Weinstube *Zum Pfifferhüs (14, Grand'Rue | Tel. 03 89 73 62 28 | Mi/Do geschl. | €)* die *Distillerie Metté (9, Rue*

des Tanneurs | www.distillerie-mette.info), wo Philippe Traber Pflaumen und Kirschen, aber auch Tannenspitzen, Knoblauch und Spargel verschnapst. Wer dem Trubel entfliehen möchte, hat mit den ☀ Burgen *Ulrichsburg, Hohrappoltstein* und *Girsberg* gute Wanderziele. 9 km oberhalb sind im Kiefernwald vier INSIDER TIPP Baumhäuser zum Übernachten versteckt *(Aubure | Tel. 06 75 06 70 24 | www.domaine-hauts-de-ribeauville.fr | €€€)*.

RIQUEWIHR (133 D2) *(🕮 C9)*
Weil der Turm namens Dolder auf einer Briefmarke verewigt wurde, ist Riquewihr (1200 Ew.) in ganz Frankreich ein Begriff. Reichenweier verkörpert das idealtypische elsässische Weindorf. Es verwundert also nicht, dass sich in dem 15 km nördlich gelegenen Ort das *Musée Hansi (16, Rue du Général de Gaulle | Kernzeit. tgl. 10–12.30 und 13.30–18 Uhr | 3 Euro)* befindet.

TURCKHEIM (133 D3) *(🕮 C10)*
Drei Türme, drei Stadttore, eine Stadtmauer: Knapp 10 km westlich in Turckheim (3700 Ew.) lebt das Mittelalter wie eh und je. Besonders authentisch wird es abends mit dem Nachtwächter. Bekannt ist der Ort für die *cocottes Staub (2, Rue Saint-Gilles | www.staub.fr)*, die bunten gusseisernen Töpfe, die es hier in großer Auswahl und zum Teil auch stark herabgesetzt gibt. Ideal nicht nur für *baeckeoffe!*

VALLÉE DE MUNSTER
(132 C3) *(🕮 B–C10)*
Satte Wiesen, Buchenwälder, Bergbauernhöfe: Vom 20 km westlich gelegenen Munster breitete sich die Kunst des Käsemachens aus. Erleben können Sie das in der INSIDER TIPP *Maison du Fromage (23, Route de Munster | Di–So 10–17, April–Okt. bis 18 Uhr | 6,90 Euro | www.maisondu fromage-munster.com)* mit Einkaufsmöglichkeit und im pfiffig gemachten Restaurant mit schöner Laube *La Table des Malker (4, Grand'Rue | Tel. 03 89 77 06 17 | außer Fr/Sa abends geschl. | €)*, das authentisches Essen serviert. Eine solide Bleibe *(10 Zi. | €)* bietet in *Gunsbach* das ehemalige Pfarrhaus der Familie Schweitzer gegenüber vom *Albert-Schweitzer-Museum (3, Rue Albert Schweitzer | Di–Sa 9–11.30 und 14–16.30 Uhr | 5 Euro | Tel. 03 89 77 31 42 | www.schweitzer.org)*.
15 km weiter Richtung Metzeral gibt es auf der Höhe am Schnepfenried bei Familie Spenle in der INSIDER TIPP *Ferme Grand Hêtre (5 Zi. | Tel. 03 89 77 61 95| www.grand-hetre.com | €)* Unterkunft mit Familienanschluss. Abends wird es sehr gesellig dort. Und statt Netflix schaut man auf die blaue Linie der Vogesen und lauscht dem Sound of Silence: Kuhglocken! Gibt es ein besseres Programm? Wer von hier loswandert, findet auf der *Ferme Uff Rain* deftige Kost und auf der *Ferme Schnepfenried* Bauernhofeis (alles

ausgeschildert). Wild und ungezähmt zeigen sich die Vogesen auf dem alpinen Felsenpfad *Sentier des Roches* am Col de la Schlucht. Für die Tagestour braucht es Kondition und gutes Schuhwerk.

SÉLESTAT

(131 D6) *(D9)* **Sélestat (19 000 Ew.) ist die Stadt der Bücher, der Türme, der Kirchen und des Brots.**

Wundern Sie sich nicht, wenn Sie einen verführerischen Brotduft in die Nase bekommen – die Stadt hat sogar ein Brotmuseum. Vor langer Zeit war sie zudem ein religiöses Zentrum. Heute ist Schlettstadt, so der deutsche Name, eine gemütliche Kleinstadt zwischen Reben und Ried, die sich rühmt, den Brauch des weihnachtlichen Tannenbaums erfunden zu haben, und mit der Humanistischen Bibliothek ein Weltkulturerbe aufzuweisen hat.

SEHENSWERTES

BIBLIOTHÈQUE HUMANISTE ★

Die berühmte Sammlung der Humanistischen Bibliothek geht auf die Bücherei der Humanistenschule und eine Schenkung von Beatus Rhenanus (1485–1547) zurück. Der Humanist und Philologe stand mit Geistesgrößen aus ganz Europa in Verbindung und sammelte Bücher – bevorzugt Erstausgaben, darunter bibliophile Kostbarkeiten wie Inkunabeln, sogenannte Wiegendrucke aus der Frühzeit des Buchdrucks, farbenprächtige Handschriften aus Klöstern, ein Architekturbuch aus dem 10. Jh. und vieles mehr. Eine Führung durch diese Schätze empfiehlt sich unbedingt! *1, Rue de la Bibliothèque | wegen Umbau und Renovierung bis ca. 2018 geschl.*

Saint-Georges (li.) und die Doppeltürme von Sainte-Foy: Hingucker im Stadtbild von Sélestat

KIRCHEN

Finden Sie den Ritter! Die romanische Kirche *Sainte-Foy* an der Place du Marché

Vert wirkt nur auf den ersten Blick schmucklos. Im Inneren besitzt sie Mosaiken, wunderbare Figuren und am Eingang einen in Stein geritzten Ritter. Die gotische *Saint-Georges* am gleichnamigen Platz wurde von Straßburger Dombaumeistern gebaut, was auch ihre Höhe von 60 m erklärt – damit ist sie eine der höchsten Kirchen im Elsass. Während der Französischen Revolution wurde sie verwüstet, die Wandmalereien und Bleiglasfenster sind aber immer noch prachtvoll.

LA MAISON DU PAIN D'ALSACE

Wie kommt der Knoten in die Brezel? Das und vieles mehr erfahren Sie im 1522 erbauten Haus der Bäckerinnung. Im „Museumsshop" sind alle Produkte ofenfrisch. *Rue du Sel | Wiedereröffnung nach Umbau und Modernisierung voraussichtlich im Juli 2018 | www.maisondupain.org*

ESSEN & TRINKEN

RESTO BIO L'ACOUSTIC

Für den ehemaligen Sozialarbeiter André hat sich der Selbstfindungstrip gelohnt – jetzt macht er das, was er eigentlich schon immer wollte: mit Biogemüse kochen. Bei schönem Wetter sitzt man draußen. *5, Place du Marché Vert | Tel. 03 88 92 29 40 | So und außer Fr/Sa abends geschl. | www.restobiolacoustic.com* | €

LA COURONNE

La Couronne, „Die Krone", trägt ihren Namen zu Recht: Im 6 km entfernten *Scherwiller* backen und kochen die Lordsiegelbewahrer der elsässischen Heimatküche Flammkuchen, Wildgerichte, den besten Kalbskopf weit und breit und eine famose Rieslingsuppe. *2, Rue de la Mairie | Tel. 03 88 92 06 24 | tgl. | www.couronne.com* | €

TRANSHUMANCE – ALMAUFTRIEB

Jeden Frühling und jeden Herbst kommt auf die Bergbauern in den Vogesen der Almauftrieb bzw. Almabtrieb zu, die *transhumance.* Seit Urzeiten besteht die Tradition der Weidewirtschaft, dass die Kühe im Tal überwintern. Heute wird dieser Brauch als Volksfest gefeiert. Freunde, Nachbarn, Jugendgruppen, Wanderclubs und Touristen laufen den Kühen hinterher, die wiederum dem Chefhirten mit der gallischen Melkerkappe folgen. Die Rindviecher sind mit Tannenbäumchen und bunten Tüchern festlich geschmückt, die schönsten Prachtexemplare der *vosgienne* – das ist die typische Vogesenrasse – tragen zudem große Glocken, deren Gebimmel Tote aufwecken könnte. Das Vogesenrind galt vor einiger Zeit fast schon als ausgestorben; mittlerweile wird die Rasse wieder sehr geschätzt, weil sie genügsam ist und ihre Milch der ideale Stoff für Butter, *barikas* (Bergkäse) und Münsterkäse ist. Das Ende der Wanderung wird zum großen Fest, mit Kirchgang, Eintopf und Würstchen, Wein und Bier, Musik und Tanz. Pflicht sind auch die Alphornbläser, die mehr als einmal den Soundtrack zur Wanderung spielen. Die schönsten Almauf- und -abtriebe finden im Munstertal statt – und es macht einen Riesenspaß, dabei mitzulaufen. Infos und Termine auf *vallee-munster-transhumances.fr.*

SCHATZY

Mittags nur ein Menü, abends eine kleine Karte, das ist mutig. Auch das kulinarische Elsass ist kein großes Thema, dafür aber Liebe zum Produkt, die Kunst des Abschmeckens und ein top Weinangebot. Madame Schaetzle hat's drauf! *8, Rue des Chevaliers | Tel. 03 88 82 48 76 | So/Mo geschl. | www.le-schatzy.com | €*

EINKAUFEN

Während Bäcker *Marcel Kientz (9, Rue Prés Raymond Poincaré)* seinen „Meier-Sepp-Kuchen" rühmt, schwört Metzger *Richard Jaeglie (3, Place de la Victoire)* auf seine „Klöpfer" und „Krakauer". Noch mehr regionale Delikatessen gibt es samstagvormittags auf dem *Biomarkt* und dienstagvormittags auf dem *Wochenmarkt*. Noch feiner wird es im INSIDER TIPP Shop der *Ferme Riedwasen (44, Rue des Chevaliers | www.lapetitefermeriedwasen.fr)* mit ihrem Käsesortiment aus halb Europa sowie Schinken und über 100 Weinen.

LOW BUDG€T

Auf einer Weinwanderung durch die Reben von Eguisheim erklärt Ihnen ein Winzer Wein und Terroir. Danach gehts zur Weinprobe – beides gratis! *Treffpunkt am Eingang zum Campingplatz Des Trois Châteaux | Juni–Sept. Sa, Aug. auch Di 15.30 Uhr*

Von Mai bis Oktober nimmt der Nachtwächter in Turckheim Touristen kostenlos mit auf seine Tour durch die Nacht. Treffpunkt ist um 22 Uhr bei der alten Wache Corps de Garde.

ÜBERNACHTEN

ABBAYE DE LA POMMERAIE

Dem Gebäude, das früher einmal ein Kloster war, wurde die Kargheit gründlich ausgetrieben. Im Hotel wie auch im französischen *Restaurant* (€€€) und im bescheideneren *Apfelstuebel* (€€) regiert der Pomp. *14 Zi. | 8, Boulevard du Maréchal Foch | Tel. 03 88 92 07 84 | www.pommeraie.fr | €€€*

AUBERGE DE L'ILLWALD

Hübsche Zimmer (und feine Küche in der urigen Wirtschaft) 6 km vor den Toren der Stadt im Illwald, wo sich Fuchs und Hase gute Nacht sagen. *12 Zi. | Le Schellenbuhl | Tel. 03 88 85 35 40 | www.illwald.fr | €€–€€€*

LES PRÉS D'ONDINE

Stéphane Dalibert hat sich einen Traum erfüllt und mit leichter Hand zwölf charmante Hotelzimmer im wenige Kilometer östlich gelegenen Rathsamhausen eingerichtet. Dazu gibts einen Salon und ein Frühstückszimmer mit Blick auf die Ill. Samstags lädt er zum Weinmenü ein (€€). *5, Route de Baldenheim | Rathsamhausen-le-Haut | Tel. 03 88 58 04 61 | www.presdondine.com | €–€€*

AUSKUNFT

10, Boulevard du Général Leclerc | Tel. 03 88 58 87 20 | www.selestat-tourisme.com

ZIELE IN DER UMGEBUNG

ANDLAU (130 C4) (*D8*)

Knapp 20 km nördlich in Andlau (1800 Ew.) war Winzer *Marc Kreydenweiss (12, Rue Deharbe | www.kreydenweiss.com)* einer der Ersten, die nach den Lehren Rudolf Steiners biodynamisch arbeiteten. Gleich nebenan keltert Winzer *Jean Wach*

(16 a, Rue Maréchal Foch | www.vins-wach-alsace.fr), der den gleichen Weinberg konventionell beharkt. Welcher Wein schmeckt besser? Oberhalb von Andlau lohnt eine gemütliche Wanderung von Le Hohwald aus zum Wasserfall *Cascade de l'Andlau.* Wasserfall *Cascade de la Serva* (90 Minuten) schließen sich an. Übernachten können Sie in *Bellefosse*, z. B. in der *Ferme Auberge Au Ban de la Roche (5 Zi., 1 Schlafsaal | 66, Rue Principale | Tel. 03 88 97 35 25 | €)* mit altertümlichen Zimmern, aber leckerer Küche *(bœuf bourguignon!)*, für die allein schon die Anfahrt lohnt. Auch die Küche des Restaurants *(Di-Mittag geschl. | €–€€)* im Hotel *Chez Julien (68 Zi. | 12, Route de Strasbourg | Tel. 03 88 97 30 09 | €€–€€€)* mit Spa in *Fouday* wird viel gerühmt.

Santé: Die Domaine Kreydenweiss in Andlau arbeitet nach biodynamischen Grundsätzen

BAN DE LA ROCHE (130 B4) *(C7)*

Das wunderbar bestückte INSIDER TIPP *Musée Oberlin (25, Montée Oberlin | April–Sept. Mi–Mo 10–19, Okt.–März 14–18 Uhr | 5 Euro | www.musee-oberlin.com)* 35 km nordwestlich in Waldersbach im Steintal zeigt die Welt des Johann Friedrich Oberlin (1740–1826), der den Kindergarten erfand: Landkarten, Porträts, von ihm erfundenes Spielzeug und Lernmaterial, Musikinstrumente sowie obskure Objekte seiner Sammellust. Oberhalb davon führt die *Allé des Fiancés*, die Allee der Verlobten, in den Wald: Seit über 250 Jahren pflanzen hier Verliebte Lindenbäume! Wanderziele wie der Was-

BARR (131 D4) *(D7)*

Verrückt, aber wahr: 20 km nördlich im Weinstädtchen Barr (7200 Ew.) sammelte sich ein Reicher in den Ruin. Was macht man mit den angehäuften Schätzen? Ein Museum! Das INSIDER TIPP *Musée de la Folie Marco (30, Rue du Docteur Sultzer | Mai–Sept. Mi–Mo 10–12 und 14–18 Uhr | 5 Euro | www.musee-folie*

marco.com) zeigt den Luxus alter Tage, Gemälde, Möbel, Nippes. Im Keller der Villa befindet sich das *Caveau Folie Marco (Tel. 03 88 08 22 71 | Sa-Mittag geschl. | www.lafoliemarco.com | €–€€)*, das lecker elsässisch kocht. Mit den besten Materialien (Stein, Holz, Leder) und bis ins Kleinste durchkomponiert zeigt sich das neue Hotel *5 Terres (26 Zi. | 11, Place de l'Hôtel de Ville | Tel. 03 88 08 28 44 | www.5terres-hotel.fr | €€€)* mit einem sagenhaften ● Spa, Restaurant und Weinbar, das sich über mehrere Häuser erstreckt; sogar ein Holzparfum wurde eigens dafür kreiert! Wer die Natur lieber in echt riechen will, findet oberhalb von Barr gute Wanderziele, z. B. die gut ausgeschilderte Burgruine *Bernstein* (hin und zurück zwei Stunden).

BERGHEIM (133 D1–2) *(🕮 D9)*

Das gut 10 km südlich an der Weinstraße gelegene Bergheim (1900 Ew.) ist für Hungrige und Feinschmecker ein Glücksfall, weil die exzellente *Wistub du Sommelier (51, Grand'Rue | Tel. 03 89 73 69 99 | Mi/Do geschl. | www.wistub-du-sommelier.com | €–€€)* durchgehend warme Küche serviert. Mit dem Weinangebot macht sie ihrem Namen alle Ehre: Fast alle Elsässer Grands Crus sind vorrätig und die Auswahl an offenen Weinen macht Lust auf „un Schluck plus". Als Weingut, Restaurant (€–€€), Pension und Hotel mit Spa trumpft *La Cour du Bailli (4 Zi., 14 Apartments | 57, Grand'Rue | Tel. 03 89 73 73 46 | www.cour-bailli.com | €–€€)* auf. Wer lieber naschen will, geht zu Madame *Heguenauer (10, Place du Docteur Pierre Walter | www.bergheimconfitures.com)* und ihren selbst gemachten Konfitüren.

EBERSMUNSTER (131 D5) *(🕮 E8)*

Die Barockkirche 8 km nordöstlich gilt wegen ihrer prächtigen Ausstattung, der Silbermann-Orgel und den drei Türmen als schönste in Ostfrankreich. Vom Nachbarort Muttersholtz steuert ● INSIDER TIPP der letzte Flussschiffer *Patrick Unterstock (21, Ehnwihr | Tel. 03 88 85 13 11 | 18 Euro | www.batelier-ried.com)* Ebersmünster mit dem Kahn an und bietet zudem Unterkunft in seinem *Indianertipi (6 Plätze | €)* und dem *Ferienhaus Biberburg* (€€). Wer ein richtiges Dach überm Kopf braucht, findet es in der *Ferme du Pays d'Eaux (4 Zi. | 22, Hameau d'Ehnwihr | Tel. 03 88 85 49 67 | www.relaisetape-lepaysdeaux.fr | €)*, z. B. in einem umgebauten Hühnerhaus mit Kanus vor der Haustür und Grill. Idyllisch!

HAUT-KŒNIGSBOURG ★ (133 D1) *(🕮 D9)*

Perfekt! Von der Rheinebene sieht die Silhouette der 15 km westlich gelegenen Hohkönigsburg wie eine ideale Zuspitzung des Bergs aus, auf dem sie sitzt. Die Burg hat eine lange Geschichte, aber berühmt wurde sie erst durch Kaiser Wilhelm II., der sie von 1901 bis 1908 originalgetreu und doch phantasievoll restaurieren ließ. 32 000 Steine wurden für Bergfried, Wälle, Windmühle, Türme und Tore verbaut. Auch innen wurde nicht gespart, alte Möbel, Ritterrüstungen und sogar ein Drache machen den Besuch zum Erlebnis. Mittelalterfeste kommen hier besonders authentisch rüber. Vom Bahnhof Sélestat fährt ein *Shuttlebus (April und Mitte Juni–Mitte Sept. tgl., sonst Sa/So)* auf die Burg, dessen Fahrplan an den der Züge angepasst ist. Der Fahrpreis *(2,50 Euro pro Strecke)* ermäßigt den Eintritt um 2 Euro. *Juni–Aug. tgl. 9.15–18.45, April/Mai und Sept. 9.15–18, März und Okt. 9.30–17.45, Nov.–Feb. 9.30–12 und 13–17.15 Uhr | 9 Euro | www.haut-koenigsbourg.fr*

Ganz in der Nähe verlocken zwei weitere Attraktionen zu Abstechern: Im Affenwald *Montagne des Singes (Juli/Aug. tgl.*

#Entschleunigung pur: Mit Schiffer Patrick Unterstock gleiten Sie lautlos durchs Ried

10–18, Mai, Juni und Sept. 10–12 und 13–18, Mitte März–April und Okt.–Mitte Nov. 10–12 und 13–17 Uhr | 9 Euro | www.montagnedessinges.com) werden nordafrikanische Berberaffen auf die Auswilderung vorbereitet und laufen frei herum. Nur Mut, die Affen sind Menschen gewohnt. Und in der *Volerie des Aigles (9,50 Euro | www.voleriedesaigles.com)* auf der Kintzheimer Burg lässt man stilecht wie in alter Zeit Adler und andere Greifvögel Kunststücke vollführen. Die Flugshow findet von April bis Mitte November mehrmals täglich statt.

MITTELBERGHEIM (131 D4) *(🕮 D7)*

Das Weindorf 20 km nördlich ist einzigartig im Elsass: Steinhäuser statt Fachwerk, Sylvaner auf einer Grand-Cru-Lage und Weinbergtulpen, die ein Indikator für besonders gesunde Böden sind. Eine kulinarische Institution findet sich ebenfalls hier: Das Hotelrestaurant *Gilg (19 Zi. | 1, Route du Vin | Tel. 03 88 08 91 37 | Di/Mi geschl. | www.hotel-gilg.com | €€–€€€)* bringt zusammen, was zusammengehört: französische Kochkunst und heimische Tradition. Beim Wein herrscht dagegen harte Konkurrenz, die guten (Bio-) Adressen *(Rietsch, Rieffel, Kleinknecht, Wantz)* residieren alle in der Rue Principale. Allein auf weiter Flur ist *Hansmann,* der Schnäpse mit Altersweisheit brennt und einen Crémant mit Pep produziert.

MONT SAINTE-ODILE ★ (130 C4) *(🕮 D7)*

Der Legende nach wurde das Kloster auf dem 35 km nördlich gelegenen, 764 m hohen Odiliënberg durch die blinde Tochter eines Merowingerkönigs gegründet. Sehenswert sind die Kreuzgänge. Etwas unterhalb sprudelt die Odiliënquelle mit ihren angeblichen Heilkräften für die Augen. Das Kloster unterhält zudem ein *Restaurant und Hotel (105 Zi. | Tel. 03 88 95 80 53 | www.mont-sainte-odile.fr | €–€€)*, wo der Alltag draußen bleibt: Wenn man dann noch sein Handy ausschaltet und nachts in der Klosteranlage herumwandert, fühlt man sich wirklich der Welt enthoben.

Auf dem Weg liegen das für seinen Rotwein bekannte Dorf *Ottrott* und in *Klingenthal* das Museum *Maison de la Manufacture (2, Rue de l'École | März–Mai und Okt.–Dez. Mi–So 14–18, Juni–Sept. Mi–Sa 14–18, So 10–19 Uhr | 5 Euro | www.klingenthal.fr)* der ehemaligen Waffenschmiede Manufacture Royale d'Alsace. Originell in einer Kunststoffkugel übernachten können Sie in Klingenthal im *Hotel Bulles et une Nuit (2 Zi. | 4, Route de Grendelbruch | Tel. 06 64 13 95 05 | www.bullesetunenuit.fr | €€€)* mit Schwimmbad und Spa.

OBERNAI (131 D3) *(D7)*

Die 25 km nördlich gelegene Kleinstadt (11 000 Ew.) ist als mittelalterliches Gesamtkunstwerk mit Stadtmauer, Türmen und Brunnen ein Fest fürs Auge. Für besondere Einkaufserlebnisse sorgen die stylishe Weinhandlung *Barabos (1, Rue des Pèlerins)*, das auf Kelsch spezialisierte Stoffgeschäft *La Maison du Lin (61, Rue Général Gouraud)* und 13 km außerhalb bei Molsheim die *Ferme Maurer (lafermemaurer.com)*, die für ihre Kunden statt Einkaufswagen Schubkarren bereithält. In der *Boulangerie Degermann (73, Rue du Général Gouraud)* ist alles klasse, das Brot, die Croissants und die *pains au chocolat*. Feinschmeckeradressen sind *La Fourchette des Ducs (6, Rue de la Gare | Tel. 03 88 48 33 38 | So-Abend, Mo und außer So mittags geschl. | www.lafourchettedesducs.com | €€€)* und das Hotelrestaurant *Le Parc (62 Zi. | 169, Route de Ottrott | Tel. 03 88 95 50 08 | www.hotel-du-parc.com | €€€)* mit Schwimmbad und Sauna. Mit einem sehr guten Preis-Leistungs-Verhältnis überzeugt das zentrale Hotelrestaurant *Sainte-Odile (25 Zi. | 9, Rue du Marché | Tel. 03 88 95 48 88 | www.hotelsainteodile.com | €)*.

Das ● *L'O Espace Aquatique (6, Rue du Maréchal de Lattre de Tassigny | Mo–Fr 10–20, Sa/So 9–19 Uhr | 6,30, mit Spa 15 Euro | www.lo-obernai.fr)* mit seinen Schwimmbecken und Spaangeboten ist das größte Bad im Elsass.

EIN LAND IM WEIHNACHTSRAUSCH

So etwas wie das Elsass ist in Frankreich einzigartig. Das wird besonders deutlich im Advent: Dann gibt es überall Weihnachtsmärkte, Weihnachtsgebäck, Weihnachtsbäume. Besonders in Sachen Baum ist man den übrigen Franzosen eine Nasenlänge voraus: Der Brauch des Weihnachtsbaums ist im Elsass schon seit 1521 verbürgt. Noch heute lassen einige Elsässer ihre Tanne von der Decke herabhängen, wie man es früher machte, damit die Ratten nicht an die Äpfel kamen. Durch geschicktes Marketing wird Frankreich seit Jahren verelsässert: Zigtausende Franzosen kommen Jahr für Jahr nach Straßburg und Colmar für ein paar Tage Weihnachten und gehen mit der Idee, dass Weihnachten nur mit Baum, *bredle* und *vin chaud* richtig ist. Nur beim Singen und Trällern von „Mon beau Sapin" und „O Tannenbaum" hapert es noch.

Das Memorial in Schirmeck erinnert an Unrecht und Leid, das Nazideutschland übers Elsass brachte

VAL D'ARGENT UND VAL DE VILLÉ

(130 B–C 5–6) *(C–D 8–9)*

Das knapp 25 km westlich gelegene *Sainte-Marie-aux-Mines* im Silbertal war früher eine Bergwerksstadt. Zwei *Museumsbergwerke (www.asepam.org)* erzählen von der Härte in alter Zeit. Im benachbarten Weilertal (Val de Villé) ist Schnaps ganz groß. Während *Nusbaumer (23, Grand'Rue)* in *Steige* den Traditionalisten gibt, machen die Brüder Meyer in *Châtenois* in Whisky, sogar mit Museum *(Maison du Distillateur | Route de Villé | Di–So 9–19 Uhr | 4 Euro | maisondudistillateur.fr)*. Im Hauptort *Villé* kocht das *Restaurant Wendling (5, Place Charles de Gaulle | Tel. 03 88 57 26 36 | Mo und außer Do–Sa abends geschl. | €)* sehr gute (Fisch-)Gerichte. Und in *Breitenau* haben sich Claudine und Jean-Pierre Matt mit *A l'Ombre du Verger (4 Zi. | 61, Rue Principale | Tel. 06 79 93 82 78 | www.alombreduverger.fr | €)* ihren Traum von einer herzlichen Pension erfüllt.

VALLÉE DE LA BRUCHE

(130 B–C 2–3) *(C–D 6–7)*

40 km nördlich zieht sich das waldreiche Breuschtal von der Ebene bis hinauf zum keltischen Kultberg *Donon* (1008 m), der sich für kleine und große Wanderungen anbietet. Die wichtigste Stadt des Tals ist *Schirmeck*. Hier thematisiert die Gedenkstätte *Mémorial de l'Alsace-Moselle (Di–So, Mitte April–Sept. tgl. 10–18.30 Uhr | 10 Euro | www.memorial-alsace-moselle.com)* kompromisslos die oft unheilvolle Geschichte des Elsass und seines Nachbardepartements Moselle. Die von den Deutschen im Zweiten Weltkrieg zwangsverpflichteten Elsässer und Lothringer *(malgré-nous)* werden besonders gewürdigt.

Im nahen *Natzwiller-Struthof* liegt das berüchtigte Konzentrationslager, heute eine Gedenkstätte *(Le Camp du Struthof | März–Weihnachten tgl. 9–17, Mitte April–Mitte Okt. bis 18.30 Uhr | 6 Euro | www.struthof.fr)*.

MULHOUSE & DER SÜDEN

Es ist ein bisschen wie in der Schweiz: Der alemannische Dialekt im Sundgau klingt so rau und kehlig wie das Schweizerdeutsche, und auch Mülhausen hat seinen historischen Bezug zur Eidgenossenschaft. Und als einziger Airport weltweit wird der Flughafen Basel–Mülhausen von zwei Staaten – Frankreich und der Schweiz – betrieben.

Das Südelsass ist eine durch den Stadt-Land- und Berg-Ebene-Gegensatz geprägte Region, deren Grenzlage nicht immer Vorteile brachte. Im Ersten Weltkrieg fanden hier blutige Kämpfe statt. Heute steht die Region immer noch im Schatten Basels. Warum eigentlich? Der Süden ist dank Mulhouse und einer vielfältigen Landschaft mehr als nur der idyllische Herrgottswinkel des Elsass.

MULHOUSE

(135 D1–2) (*C–D13*) **Die Stadt, die auf eine Mühle aus dem Jahr 803 zurückgeht, dreht heute immer noch am Rad.**

Lange Zeit gehörte Mülhausen (110 000 Ew.) an den Flüssen Doller und Ill zur Schweiz und lag wie eine Insel inmitten Frankreichs. Dadurch blieb die damalige Stadtfläche klein – sie entspricht ungefähr der heutigen Fußgängerzone. Mit dem Anschluss an Frankreich begann 1798 der industrielle Höhenflug (Tapeten, Farben, Stoffe und Chemie) – die Stadt wurde zum reichen Manchester Frankreichs, das Einwanderer anzog. Bis heute ist Mülhausen urban und kosmopolitisch

 Bild: Klosterkirche Murbach

Im südlichen Elsass: eine noch kaum entdeckte, lebendige Großstadt, das Sundgau an der Grenze zur Schweiz und der Vogesenkamm

CITY **WOHIN ZUERST?**
Bester Ausgangspunkt ist die **Place de l'Europe** an der Porte Jeune mit einem Parkhaus sowie mehreren Tramhaltestellen. Über die Rue Sauvage (Fußgängerzone) und die Rue Mercière sind Sie im Nu auf der Place de la Réunion. Vom Bahnhof führt die Avenue Général Leclerc auf die Avenue Maréchal Foch, die wiederum in die Rue Sauvage mündet.

sowie ein wichtiger Produktionsstandort. Peugeot-Citroën beschäftigt hier über 10 000 Arbeiter. Als zweites Standbein hat die Stadt in den letzten Jahren den Tourismus entdeckt. Seit 2008 trägt sie das Prädikat „Stadt der Kunst und Geschichte".

SEHENSWERTES

CITÉ DE L'AUTOMOBILE ★

Bugatti! Ferrari! Rolls-Royce! Weil sich der Mülhauser Textilunternehmer Fritz

Die Schweiz ist gleich ums Eck: Wappen der Schweizer Kantone an Mülhausens Rathaus

Schlumpf verzockte, kam 1976 der ganze Wahnsinn seiner Autosammelleidenschaft ans Tageslicht. Schlumpfs Boliden und Raritäten sind stilvoll ausgestellt, darunter auch Karossen aus dem 19. Jh. Auch eine Rennstrecke für Vorführungen gehört dazu. *15, Rue de l'Épée | Feb.–Dez. tgl. 10–17 (April–Okt. bis 18), Jan. Mo–Fr 13–17, Sa/So 10–17 Uhr | 13 Euro | citedelautomobile.com*

CITÉ DU TRAIN

Großer Bahnhof für historische Stahlrösser! Fast 30 Lokomotiven und Züge sind hier zu bestaunen. Mittels Puppen hat man Szenen wie z. B. Agatha Christies „Mord im Orientexpress" nachgestellt – natürlich im historischen Originalzug. *2, Rue Alfred de Glehn | tgl. 10–17, April–Okt. bis 18 Uhr | 12 Euro | www.citedutrain.com*

HÔTEL DE VILLE

Das historische Rathaus im Herzen der Stadt an der Place de la Réunion ist im Trompe-l'Œil-Stil bemalt und mit den Wappen Schweizer Kantone verziert. Gegenüber am Eckhaus zur Rue Guillaume Tell steht eine *Wilhelm-Tell-Statue,* ein weiterer Beleg für Mülhausens historischen Bezug zu den Eidgenossen. An der Seitenfassade des Renaissancebaus hängt der 13 kg schwere Klapperstein, der im Mittelalter Frauen mit losem Mundwerk zur Strafe umgehängt wurde. Dann mussten die Frauen mit dem Stein um den Hals verkehrt herum auf einem Esel durch die Stadt reiten. Am anderen Ende des Platzes befinden sich die *Apotheke Au Lys* (achten Sie auf die sehr schöne Deckenbemalung und die uralten Balken!) und das sogenannte *Mieghaus,* benannt nach dem Maler Mathieu Mieg, der die Fassade mit Szenen aus der Schweizer Geschichte bemalte.

JARDIN ZOOLOGIQUE ★

1200 Tiere, 190 Arten – dieser Zoo ist groß! Neben Exoten wie Löwen und sibirischen Tigern gibt es auch einen Streichelzoo und Parks fürs Picknick. Seit 2014 sind die beiden Eisbären Vicks und Sesi die Attraktion. *111, Avenue de la 1ère Division Blindée | Mai–Aug. tgl. 9–19, April und Sept. 9–18, März und Okt./Nov. 9–17, Dez.–Feb. 10–16 Uhr | 15,50 Euro, Nov.–Mitte März 9,50 Euro | www.zoo-mulhouse.com*

MUSÉE D'IMPRESSION SUR ÉTOFFES

Das Stoffdruckmuseum erinnert an Mülhausens Zeit als „Manchester" Frankreichs. Der Fundus ist groß genug für zwei Ausstellungen pro Jahr. *14, Rue Jean-Jacques Henner | Di–So 10–12 und 14–18 Uhr | 10 Euro | www.musee-impression.com*

INSIDER TIPP THE PAINTED WALLS

Wandmalereien haben Tradition in Mulhouse. Neueren Datums, nämlich von 2001, sind die Malereien in der Rue des Franciscains, an der Place Lucien Dreyfus und der Place de la Réunion, die Schäfer auf Stelzen und den „Schweissdissi" zeigen. Diese Bronzeskulptur von 1905 im Parc du Tivoli ist eine Hommage der Stadt an ihre Industriearbeiter. An die Häuser gegenüber sind Persönlichkeiten der Stadtgeschichte gemalt, z. B. Alfred Dreyfus. *Place Lucien Dreyfus/Rue des Franciscains*

INSIDER TIPP PARKS

Ein Fünftel Mülhausens ist grün. Neben dem Zoo gibt es noch den für Rosenfreunde interessanten *Parc Wallach* im Stadtteil Riedisheim und den *Square Steinbach* in der Stadtmitte gegenüber vom Musée des Beaux Arts. Weitere Grünflächen sind der *Square de la Bourse*, der *Square du Tivoli* und der fast 2 ha große *Parc Salvatore,* der im Hochsommer jeden Donnerstag als Veranstaltungsort genutzt wird: ● *Les Jeudis du Parc* beginnen am frühen Abend, nach Einbruch der Dunkelheit werden Filme gezeigt. Sitzdecke oder Campingstuhl mitbringen!

TEMPLE SAINT-ÉTIENNE

Vom Architekten Jean-Baptiste Schacre (1808–1876), der auch die katholische Église Saint-Étienne 500 m südwestlich an der Rue de Sinne und die Synagoge baute, stammt diese 1858–1868 erbaute neogotische Kirche, deren Kirchturm mit 97 m der höchste des Departements ist. Sehenswert sind die Bleiglasfenster, die noch aus dem 14. Jh. stammen. Als einzi-

MARCO POLO HIGHLIGHTS

★ **Petite Camargue Alsacienne**
Natürlich gut: Die Auenlandschaft am Rhein gleicht einem Dschungel → S. 85

★ **Jardin Zoologique in Mulhouse**
Ein Fest für alle, die Tiere und Pflanzen lieben. Tolle Gärten! → S. 78

★ **Cité de l'Automobile in Mulhouse**
Auf Hochglanz poliert: Bugattis und andere Rennmaschinen → S. 77

★ **Murbach**
Aus alter Zeit: romanische Kirche in traumhafter Lage → S. 84

★ **Route des Crêtes**
So weit, so gut: tolle Ausblicke von der Höhenstraße → S. 85

★ **Écomusée d'Alsace**
Fachwerk ist nicht gleich Fachwerk. Ein Dorf veranschaulicht alle Elsässer Baustile → S. 82

ge protestantische Kirche Frankreichs steht sie an einem Hauptplatz.

ESSEN & TRINKEN

AU BUREAU

Steaks, Burger, Fish & Chips oder frittierte Zwiebelringe? Diese aufgebrezelte Brasserie hat für jeden was, vor allem aber viel Platz und gutes Bier. *6, Place de la République | Tel. 03 89 66 00 00 | tgl. | www.au-bureau.fr* | €

Multikultimarkt: Munster aus den Vogesen und Minze aus Marokko in Mülhausens Markthalle

AUX CAVES DU VIEUX COUVENT

Mulhouse liebt diesen urigen Keller (und die Terrasse), wo man die Großstadt vergisst. Zur Tradition gehören *surlawerla, fleischschnacka* und dienstags Flammkuchen. Sehr freundlicher Service. *23, Rue du Couvent | Tel. 03 89 46 28 79 | So/Mo geschl. | www.auxcaves-duvieuxcouvent.com* | €–€€

WINSTUB HENRIETTE

Alles, was das Elsass zum Elsass macht, findet sich in dieser urigen Weinstube. Die Spezialitäten des Hauses sind *fleischschnacka* und Cordon bleu. *9, Rue Henriette | Tel. 03 89 46 27 83 | So/Mo geschl. | winstub-henriette.com* | €

PÂTISSERIE JACQUES/ CAFÉ MOZART

Kaffee und Kuchen und feinste Törtchen. Hier will man gar nicht mehr fort, nicht zuletzt weil auch der Fensterblick aufs Zentrum so viel Spaß macht. *Pâtisserie Jacques | 1, Place de la Réunion | Di–Sa 8.30–19 Uhr; Café Mozart | 25, Place de la Réunion | Mo–Sa 10–19 Uhr | www.patisserie-jacques.com*

EINKAUFEN

ATELIER DE RELIURE

Buchbinderin Francine Villeneuve arbeitet mit Leder, mit handgeschöpftem Papier aus der eigenen Werkstatt sowie mit Pflanzenfasern, um Büchern eine interessante Hülle zu geben. Sie nimmt auch Auftragsarbeiten an. *5, Rue de la Synagogue*

AU BOUTON D'OR

Große Käse, kleine Produzenten. Ob nun ein Maroilles aus dem Land der Shtis oder ein Munster aus dem Elsass, immer kommt der Käse von kleinen, lokalen Herstellern. *5, Place de la Réunion*

COSMO

Hier geht in Sachen Einrichtung ein Licht auf: tolle Lampen und Leuchten, dazu kleine Dinge, die Räume schöner machen, Upcycling aus Vietnam und dem Elsass, z. B. aus alten Autoschläuchen gefertigte Taschen. *1, Rue Henriette | www.cosmodesign.fr*

INSIDER TIPP MARCHÉ DU CANAL COUVERT

Bauernmarkt trifft Basar – kein Wunder in dieser an Immigranten so reichen Stadt. Ostfrankreichs größter und buntester Markt hat so gut wie alles: Schweizer Käse, Minze aus dem Libanon, Elsässer Charcuterie, Munster und Joghurt aus den Vogesen ... Wer hier Appetit bekommt, hockt sich auf einen Snack in die Bar *La Buvette* oder geht ins *Restaurant Aux Halles* (€) in der Markthalle. *Canal Couvert | Di, Do und Sa 7–17 Uhr*

TEMPÉ

Pasteten, Würste, Hähnchen vom Grill: Alles, was ein Picknick im Park lecker macht, findet sich bei diesem Edelmetzger. Gutes Weinsortiment. *28, Rue du Sauvage*

FREIZEIT & SPORT

BAINS ROMAINS

Wenn Sie sich einmal besonders stilvoll entspannen möchten, ist dieses Jugendstilbad aus den 1920er-Jahren mit seinen verschieden temperierten Becken und Dampfbädern die richtige Wahl. *Piscine Pierre et Marie Curie | 7, Rue Pierre et Marie Curie | Mitte Sept.–Mai Frauen Mi 14.30–19.15, Fr 8.30–11.45 und 14.30–21, Männer Do 8.30–11.45 und 14.30–17.30, Sa 8.30–11.45 Uhr, gemischt Di 16–21, Do 17.30–21, Sa 14–19.15 Uhr | 12,20 Euro | www.mulhouse-alsace.fr/fr/bains-romains*

INSIDER TIPP GREETERS

Die Greeters sind kontaktfreudige Menschen aus Mulhouse, die Besuchern gratis ihre Stadt zeigen. Themen wie Einkaufen, Museen und Nachtleben stehen im Angebot. Rechtzeitig anfragen! *www.greeters-mulhouse.com*

RADFAHREN

Mulhouse fährt Rad – 40 Leihstationen sind in der Stadt verteilt! *1–3 Euro/Tag (je nach Dauer) | www.velocite.mulhouse.fr*

AM ABEND

Mülhausens Nächte sind so bunt wie die Cocktails im *Le Carré (3, Rue du Mittelbach)*, wo es zur Vielfalt an der Bar auch eine kleine Speisekarte gibt. Dagegen hat sich *L'Hardivin (25, Rue des Tanneurs)* auf Wein spezialisiert – ein tolles Retrolokal mit lauschigem Hinterhof! Gelegentlich spielen hier auch Jazzbands, ebenso wie mittwochs im Kellergewölbe *Le Greffier (16, Rue de la Loi | www.legreffier.com).* Der Donnerstag gehört den Tänzern im *Salsa Café (18, Passage des Augustins | www.salsacafe.fr)* – mit Gratis-Tanzstunde für jedermann und schöner Terrasse. Das *Noumatrouff (57, Rue de la Mertzau | www.noumatrouff.com)* holt Pop, Rock etc. in die Stadt und *La Filature (20, Allée Nathan Katz | www.lafilature.org)* Kammermusik, Ballett, Oper und Theater. Über das aktuelle Programm informieren die Tageszeitung L'Alsace, das Szeneblatt Journal des Spectacles und *www.mulhousebynight.com.*

ÜBERNACHTEN

HÔTEL DE BÂLE

Ein Stadthotel mit langer Tradition, an dem die Moden vorbeigegangen sind. Aber gerade das macht den Charme aus. Freundlicher Service. *31 Zi. | 19–21, Passage Central | Tel. 03 89 46 19 87 | www.hoteldebale.fr* | €

BEST WESTERN HÔTEL DE LA BOURSE

Liebevoll eingerichtete Zimmer, deren Inspiration aus Südfrankreich und nur ein wenig aus dem Elsass stammt. Schöner Innenhof mit Garten. *39 Zi. | 14, Rue de la Bourse | Tel. 03 89 56 18 44 | www.bestwestern-hoteldelabourse-mulhouse.com* | €€

HÔTEL DU PARC

Das Art-déco-Hotel ist eine Luxusherberge mit kleinem, aber sehr gutem *Restaurant* (€€–€€€) und jeden Abend Live Jazz in *Charlie's Bar.* Schwere Sessel, gehaltvolle Drinks. *76 Zi. | 26, Rue de la Sinne | Tel. 03 89 66 12 22 | www.hoteldu parc-mulhouse.com* | €€€

AUSKUNFT

1, Place de la Réunion | Tel. 03 89 46 14 92 | www.tourisme-mulhouse.com

ZIELE IN DER UMGEBUNG

ÉCOMUSÉE D'ALSACE ★

(133 D5) *(🕮 C12)*

Das Freilichtmuseum gut 15 km nördlich bei Ungersheim gehört zu den Erfolgsgeschichten des Elsass. Über 80 Fachwerkhäuser aus dem ganzen Elsass sowie u. a. ein Turm, eine Mühle und eine Streuobstwiese mit 220 Apfelsorten wurden hierher ins Niemandsland verpflanzt. Der Dorfbach plätschert wie eh und je, Ausstellungen sowie Handwerks- und Kochvorführungen machen die Reise ins alte Elsass perfekt. *Stark gestaffelte Zeiten s. Website | 15 Euro | www.ecomusee-alsace.fr*

GUEBWILLER (132–133 C–D5) *(🕮 C12)*

Das 25 km nordwestlich gelegene Gebweiler (11 500 Ew.) im Florival (Blumental) wird leicht übersehen. Dabei gibt es hier viele süße Adressen, die romanische Kirche *Saint-Léger* mit ihren drei Türmen und einen heißen Tipp fürs Nachtleben: Ganz klassisch begann es 1862 mit einem Konzert von Clara Schumann im für seine Akustik berühmten *Dominikanerkloster (34, Rue des Dominicains | www.les-dominicains.com),* heute ist hier mit Hip-Hop, Rock und Ambient so ziemlich alles möglich. Natürlich wird in Guebwiller auch Wein gekeltert – gleich vier Grand-Cru-Lagen hat das Städtchen an der Lauch. Der in Guebwiller geborene Keramiker Théodore Deck war im 19. Jh. ein Star und erfand ein neues Blau, das „Bleu Deck", das Sie heute auf Skulpturen und Kacheln im INSIDER TIPP *Musée Théodore Deck (1, Rue du 4 Février | Do/Fr 14–18, Sa/So 10–12 und 14–18 Uhr | 5 Euro)* bewundern können.

In der langen Hauptstraße Rue de la République mit ihren schönen Jugendstilhäusern und an der Place de l'Hôtel de Ville gibt es viel zu entdecken, z. B. feine Adressen wie die auf *kugloff* spezialisierten *Pâtisseries Husser* und *Helfter* und das Bistro INSIDER TIPP *La Louve (15, Rue de la République | Tel. 03 89 83 74 86 | abends und So/Mo geschl. | lalouve-guebwiller.com | €),* hinter dem das Trio Mutter, Sohn, Schwiegertochter steht, Letztere mit Erfahrung in der Hochgastronomie. Auf der Karte stehen korsisch und sizilianisch inspirierte Gerichte, Salate, Sandwiches und Bagels – und Linzer Torte nach Omas Rezept. In Sachen Wein zieht es die Kenner ins *La Cave des Grands Crus (15,*

Stimmungsvoller Ort für Konzerte von Klassik bis Hip-Hop: Klosterkreuzgang in Guebwiller

Rue de la République | www.cavedes grandscrus.fr). Patron Jean-Philippe Venck hat die örtlichen Weine von Schlumberger, Bioweine und richtig viel Spaß an der Materie. Jeden Freitag zum Wochenmarkt entkorkt er ein paar Flaschen zum Probieren. Auskunft: *45, Rue de la République | Tel. 03 89 76 10 63 | www.tourisme-guebwiller-soultz.com*

HARTMANNSWILLERKOPF
(132 C6) (*∞ C12*)

Als „Menschenfresser" ist dieser Berg 30 km nordwestlich von Mulhouse in die Geschichte eingegangen. 1914/15 fanden hier die blutigsten Kämpfe des Ersten Weltkriegs im Elsass statt. An die 30 000 getöteten Soldaten erinnern ein Denkmal, eine Krypta und seit 2017 das deutsch-französische *Historial Franco-Allemand du Hartmannswillerkopf (April–Mitte Nov. tgl. 9.30–17.30 Uhr | 5 Euro | www.memorial-hwk.eu),* das über die Zeit und Geschichte der Kämpfe informiert. Wer sich ein Bild vom Schlachtfeld machen will, findet auf dem Hügel noch Bunker und Stacheldraht. Der Berg strahlt heute eine friedliche Ruhe aus – die Zeit heilt viele Wunden.

HUNINGUE (135 F3) (*∞ E14*)

Früher ein Kanal, heute eine Wildwasserbahn: Mitten im 30 km südöstlich gelegenen Hüningen rauscht der *Parc des Eaux Vives (Feb.–Nov., stark wechselnde Zeiten, Juli/Aug. Mo–Fr 9–21.30, Sa/So 9–19.30 Uhr | verschiedene Tarife | www.ville-huningue.fr).* Kanu- und Kajakfahren, Rafting sowie Stand-up-Paddling sind auf dem wilden Wasser möglich. Es gibt Boote und Ausrüstung zum Leihen und auch Anfängerkurse.

LAUTENBACH (132 C5) (*∞ B–C11*)

Das 30 km nordwestlich gelegene Lautenbach (1600 Ew.) wurde durch Jean Egens Roman „Die Linden von Lautenbach" berühmt. Diese stehen immer noch. Im Ort locken der hübsche Tante-Emma-Laden *Ripaille des Chaumes* („Das

#Superstoff: der Hashtag zu Ihrem Besuch im Musée Textile

Gelage der Alm") mit Käse, Wurst, Gebäck und Kaffee sowie das Bistro *Au Deux Clefs* mit seiner Sammlung von Emailleschildern. Für historisch Interessierte ist die romanische Stiftskirche aus dem 11./12. Jh. mit einer sehr schönen dreibogigen Vorhalle ein Must. Dort grinst eine Hexe am Portal. Lohnend ist auch ein Abstecher in den Ortsteil *Lautenbachzell* in das in einer alten Mühle untergebrachte *Vivarium (6, Rue du Moulin | Di–So 14–18, Juli/Aug. tgl. 10–18 Uhr | 8 Euro | www.vivariumdumoulin.org)* mit seinen Spinnen.

LE MARKSTEIN (132 B5) *(B11)*

Jedes Frühjahr wird das 45 km nordwestlich gelegene Skigebiet (1176 m) zur großen Kuhweide und bietet Platz genug für Kühe, Wanderer, Spaziergänger und eine Sommerrodelbahn. Ganz in der Nähe tischt Vogesen-Urgestein Jean-Paul Deybach in der INSIDER TIPP *Ferme Auberge du Treh (Tel. 03 89 39 16 79 | Mo/Di geschl. | €)* zum tollen Panorama das beste Melkermenü auf. Das saftige Fleisch, die göttlichen Kartoffeln und der Blaubeerkuchen machen süchtig – und etwas träge. Darum: zuerst wandern, ein Melkeressen dieser Klasse muss verdient werden. Ein Ausflug bietet sich z. B. an zum *Lac de Kruth-Wildenstein* an. Am (inoffiziellen) Badesee gibt es eine Ausleihstation für Kanus, Tretboote, Räder und E-Bikes und einen *Hochseilgarten (April–Juni und Sept./Okt. Sa/So 13.30–18, Juli/Aug. tgl. 9–19 Uhr | 24 Euro | www.parcarbreaventure.com)*.

MURBACH ★ (132 C5) *(C11)*

Das im 12. Jh. gegründete Kloster war in alter Zeit das wichtigste Kloster im Elsass und gilt heute, trotz Abriss des Langschiffs, als der schönste romanische Bau des Elsass. Schöne Aussicht von der nahen *Chapelle Notre-Dame de Lorette.* Lohnende Wanderziele in der Nähe sind sind Grand Ballon und Judenhut.
Ein Paradies ist Sylvie Rothenflugs *Schaeferhof (5 Zi. | 6, Rue de Guebwiller | Tel. 03 89 74 98 98 | €€€):* feine Tücher, hübsche Kacheln, filigran bemaltes Holz, Fachwerk und italienischer Verputz und hier und da ein Engel. Zum Frühstück gibt es selbst Gebackenes und Konfitüren aus der eigenen Küche.

INSIDER TIPP **MUSÉE DU PAPIER PEINT** (135 D3) *(D13)*

Mit der Erfindung der Panoramatapete holten sich die Bürger die große weite Welt ins Haus. Auf den mehrere Meter großen Tapeten war Platz genug für exotische Szenen, wie das Museum in Mülhausens östlichem Vorort Rixheim zeigt. *22, Rue Zuber | Rixheim | Mi–Mo, Mai–Okt. tgl. 10–12 und 14–18, Vorführungen Juni–Sept. Di, Do, Sa 15.30 Uhr | 8,50 Euro | www.museepapierpeint.org*

INSIDER TIPP **PARC DE WESSERLING**
(132 B5) (*B12*)
Knapp 35 km nordwestlich, wo früher die Fabrikschlote der in Husseren-Wesserling produzierenden Textilindustrie rauchten, wiegen sich heute Blumen im Wind. Gleich fünf Gärten hat man in diesem Freilichtmuseum angelegt, u. a. einen Gemüseziergarten. Jedes Jahr gibt es einen neuen Themengarten, den es mit und ohne den dazugehörigen Events zu entdecken gilt. Das *Musée Textile* erinnert an frühere Zeiten. *Rue du Parc | April und Okt. tgl. 13–18, Mai 10–12 und 14–18 (So 10–18), Juni–Sept. tgl. 10–18 (Juli/Aug. bis 18.30) Uhr | Juni–Sept. 9 Euro, sonst 7 Euro | www.parc-wesserling.fr*

PETITE CAMARGUE ALSACIENNE ★
(135 F3) (*E14*)
Dieses Naturschutzgebiet in den Rheinauen liegt 30 km südlich bei Saint-Louis. Kiebitz, Rohrweihe und Nachtigall sind hier heimisch, auch seltene Orchideen wachsen in diesem Dschungel. Außerdem gibts eine Fischzucht und das Naturschutzhaus *Maison de la Reserve,* das über die Geschichte des Rheins informiert. *www.petitecamarguealsacienne.com*

ROUTE DES CRÊTES ★
(132 B–C 2–6) (*B–C 9–12*)
Auto- und Rennradfahrer, Motorbiker, Drachenflieger, Wanderer ... Alle lieben die gut 75 km lange ehemalige Militärstraße an der historischen deutsch-französischen Grenze. Sie verbindet auf einer Höhe zwischen 950 und 1250 m alle wichtigen Vogesengipfel. Überall bieten sich gute Wandermöglichkeiten zu Almen und Seen, für einen Boxenstopp bieten sich die Bergbauernhöfe an. Ab Mitte November ist die Straße bis zur Schneeschmelze im Frühjahr gesperrt.

LESEHUNGER & AUGENFUTTER

Hunkeler und der Fall Livius – Hansjörg Schneider lässt seinen Kommissär normalerweise in Basel agieren, aber dieses Verbrechen führt ins Elsass. Die Gründe liegen weit zurück im Zweiten Weltkrieg. Nichts wird vergessen, ist eine der Lehren des Krimis von 2007

Marthe und Mathilde – In diesem wunderbaren Buch berichtet die Journalistin Pascale Hugues aus dem Leben ihrer beiden Großmütter aus Colmar – die eine Deutsche, die andere Französin – und wie es ihnen erging, als das Elsass 1919 französisch wurde

Albert Schweitzer – Lange Zeit war er der bekannteste Elsässer. Unvergessen ist sein Engagement in Afrika, das dieser oscargekrönte Dokumentarfilm von Erica Anderson und Jerome Hill zeigt. Alte Aufnahmen aus seiner Heimat und die Originalstimme von Schweitzer machen diese Doku von 1957 einzigartig

Es kommt der Tag – Susanne Schneiders Film von 2009 zeigt das Elsass nicht nur als weinselige Idylle, sondern auch als Fluchtort. Hierhin hat es eine Frau (Iris Berben) mit linksradikaler Vergangenheit verschlagen, die jetzt inkognito mit Mann und Kindern auf einem Weingut lebt. Aber die Vergangenheit holt sie ein, als sie von ihrer Tochter, die sie als Kleinkind zur Adoption weggegeben hat, durch Zufall entdeckt wird

ROUTE JOFFRE

(134 B1) (*B12–13*)

15 kurvige Kilometer mit Wow-Effekten: Die im Winter meist gesperrte Straße führt von Thann im Thurtal nach Masevaux im Dollertal. Der 748 m hohe *Col du Hundsruck* ist ideal für ein Picknick oder eine kleine Wanderung (hin und zurück zwei Stunden) zur *Ferme Auberge Thanner Hubel* (s. S. 92) mit guter, rustikaler Bergbauernkost und hausgemachter Limo.

SOULTZ-HAUT-RHIN (132 C5) (*C12*)

Gut 20 km nordwestlich befindet sich in der ehemaligen Komturei des Malteserordens das Spielzeugmuseum *La Nef des Jouets (12, Rue Jean Jaurès | Mitte März–Dez. Mi–Mo 14–17 Uhr | 5 Euro | www.ville-soultz.fr)*. 7 km südlich in *Berrwiller* liegt in perfekter Landidylle die *L'Auberge de la Ferme des Dahlias (Rue Linngasse | Tel. 03 89 28 23 67 | www.aubergedesdahlias.fr | €)* mit properen Mahlzeiten, Käse von den eigenen Kühen und vier heimeligen Zimmern – Landliebe pur!

LOW BUDG€T

Wappen, Ritterrüstungen, Porträts, Stadtansichten: Das *Musée Historique* im historischen Rathaus von Mulhouse macht seinem Namen alle Ehre – und der Eintritt ist frei. *Place de la Réunion | Mi–Mo 13–19 Uhr | www.musees-mulhouse.fr*

Wasser marsch! Jeden Dienstag, Donnerstag und Freitag von 6 bis 22 Uhr dürfen Auswärtige gratis an der *Mineralquelle in Wattwiller (2, Rue de Guebwiller)* bis zu sechs Flaschen pro Person abfüllen.

SUNDGAU

(134–135 C–E 2–5) (*C–D 13–15*)

Wie eine Beule drückt sich der Sundgau in die Schweiz hinein, mit der es eine lange Grenze, den Dialekt und sogar eine Tramlinie (Nummer 10 aus Basel, Haltepunkte Leymen und Rodersdorf) teilt. Auch die Juralandschaften mit ihren grauen Felsformationen gleichen sich. Südlich der ehemaligen Habsburger Residenz Ferrette (Pfirt) vermittelt der Sundgau das Bild einer aus der Zeit gefallenen Landschaft. Wer noch tiefer in die Vergangenheit eindringen will, sollte auf Burgruinen wie *Landskron* oder *Hohenpfirt* wandern. Dörfer wie *Hirtzbach* bezaubern mit liebevoll bepflanzten Gärten und enormen Bauernhöfen.

Durch den in *Vieux-Ferrette* ansässigen Käseaffineur Bernard Antony ist die Region überregional bekannt. In seinem *Sundgauer Käs-Kaller (5, Rue de la Montagne | Tel. 03 89 40 42 22 | www.fromagerieantony.fr)* findet die *cérémonie des fromages* (nur mit Anmeldung, 75 Euro pro Person!) statt, außerdem dort auch Verkauf. Den Käsekönig trifft man auch auf den Wochenmärkten in *Riedisheim (Mi-Vormittag), Huningue (Fr-Vormittag)* und *Altkirch (Sa-Vormittag)*. Das typische Essen des Sundgaus aber ist der – meist panierte und frittierte – Karpfen; besonders raffiniert wird er in der *Auberge des Trois Vallées (16, Rue d'Altkirch | Tel. 03 89 40 50 60 | Mo-Abend und Mi geschl. | www.aubergedestroisvallees.fr | €–€€)* in *Hirsingue* zubereitet. Noch mehr Fisch gibt es auf den INSIDER TIPP *Routes de la Carpe Frite (www.carpe-frite.fr)*. Schön übernachten und gut speisen *(Mo/Di geschl. | €–€€)* können Sie im Hotelrestaurant *Le Petit Kohlberg (34 Zi. | Petit Kohlberg | Tel. 03 89 40 85 30 | www.petitkohlberg.com | €)* in *Lucelle* direkt an der Schweizer Grenze, das seinen Gästen gratis Mountainbikes verleiht. Im wich-

Was den Modemachern der Laufsteg, ist in der Käsewelt der Reifekeller von Bernard Antony

tigsten Ort *Ferrette* verleiht *Cycles Roth (3, Route de Lucelle | Tel. 03 89 40 46 22)* E-Bikes und Räder.

THANN (134 B–C1) *(🕮 B12)*

20 km westlich in Thann (8000 Ew.) gibt es keine Winzer mehr, dafür aber immer noch Wein. Einer der berühmtesten Grands Crus des Elsass, der Rangen, wird von auswärtigen Winzern gemacht. Hotelier Didier Seltz vom *Hôtel du Rangen (27 Zi. | 37, Rue du Général de Gaulle | Tel. 03 89 37 47 33 | www.hoteldurangen.com | €)* veranstaltet Degustationen in seinem schönen Gewölbekeller. Die passenden Delikatessen dazu bekommen Sie in der Biokäsehandlung *Fromandises (11, Rue Saint-Thiébaut)*. Spezialitäten wie *fleischschnacka*, Quiches und herzhafte Tagesgerichte sowie sehr gute Biofruchtsäfte serviert Roseline Schnaegelen in ihrem mit viel Holz und Liebe zum Detail eingerichteten Bistro *Au Petit Rangen (8, Rue de la 1ère Armée | Tel. 03 89 37 00 00 | abends und Mo geschl. | €)*. Thann besitzt mit der *Collégiale Saint-Thiébaut* eine außergewöhnlich schöne gotische Kathedrale, deren knapp 80 m hoher Turm einer spitzen Nadel gleicht. Nicht zu übersehen ist auch das *Œil de la Sorcière* („Hexenauge") genannte Loch eines umgestürzten Bergfrieds auf der *Ruine Engelsburg*. Praktisch: Die Kleinstadt ist mit Mulhouse per Straßenbahn verbunden.

VALLÉE NOBLE (132 C4) *(🕮 C11)*

Wein, Wein, Wein: Das „noble" Tal, das 30 km nördlich bei Rouffach abzweigt, trägt seinen Namen zu Recht. Beim Winzer INSIDER TIPP *Seppi Landmann (7, Rue du Drotfeld | Tel. 03 89 47 09 33 | www.seppi-landmann.fr)* in *Pfaffenheim* dürfen Gäste nach Anmeldung bei der Weinlese helfen, mit Weinprobe und Verpflegung aus Landmanns Landküche *(35 Euro/Pers.)*. Wer die Weinberge einfach so erkunden will, folgt vom Rathaus in Westhalten aus dem Dichterweg *Sentier des Poètes*. Für eine längere Tour bieten sich der Weinberg *Zinnkoepflé* und das Kloster *Notre-Dame du Schauenberg* an mit kleiner Klosterwirtschaft und dem berühmten „Drei-Münster-Blick" an.

ERLEBNISTOUREN

1 DAS ELSASS PERFEKT IM ÜBERBLICK

START: 1 Straßburg
ZIEL: 30 Colmar

Strecke:
gut 600 km

10 Tage
reine Autofahrzeit
ca. 8–10 Stunden

KOSTEN: ca. 1600 Euro/Person im DZ (Übernachtungen, Essen, Benzin und sonstige Fahrtkosten, Eintritte, Radmietgebühren)
MITNEHMEN: Badesachen, Wanderschuhe

ACHTUNG: Hotels und Bergbauernhöfe müssen Sie reservieren, für Wein- und Sektproben empfiehlt sich eine telefonische Anmeldung.

So klein wie es ist, so viele großartige Momente bietet das Elsass auf wenig Fläche. Ob beim Bergbauern, beim Winzer oder in der Stadt, diese Region bietet Ih-

Sie wollen die einzigartigen Facetten dieser Region entdecken? Dann los! Noch einfacher wird es mit der Touren-App: Laden Sie sich die Tour über den QR-Code auf Seite 2/3 oder über die Webadresse in der Fußzeile auf Ihr Smartphone – damit Sie auch offline die perfekte Orientierung haben. Bei Änderungen der Tour ist die App auf dem neuesten Stand und weicht ggf. von den Erlebnistouren im Buch ab. In diesem Fall finden Sie in den Events & News (s. S. 2/3) die neueste Tour als PDF.

TOUREN-APP

→ S. 2/3

nen abwechslungsreiche Erlebnisse in Hülle und Fülle – von der Vogesenwanderung bis zum Flammkuchen an der Weinstraße.

Der zentrale Ausgangspunkt, um das Elsass kennenzulernen, ist ① **Straßburg** → S. 44. **Über die D 468 und die D 737** erreichen Sie die beiden Töpferdörfer ② **Soufflenheim** → S. 35 und ③ **Betschdorf** → S. 35 mit ihren originellen Künstlern. Im Fachwerkdorf ④ **Seebach** → S. 42 macht eine Weinprobe beim sympathischen Biowinzer **Jülg** großen Spaß. Bei ihm können Sie auch übernachten und

TAG 1

① Straßburg

38 km

② Soufflenheim

11 km

③ Betschdorf

17 km

④ Seebach

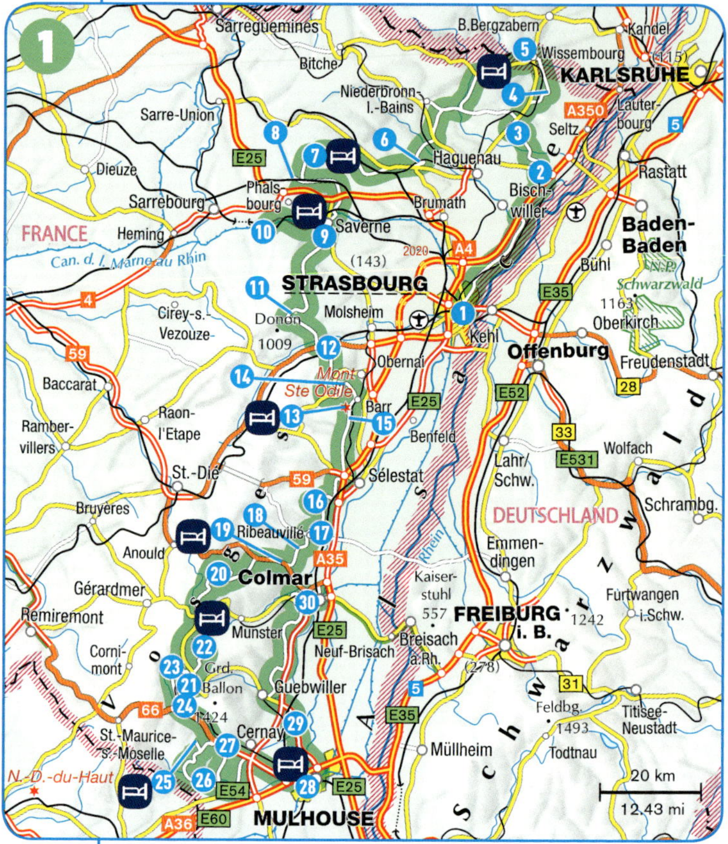

nebenan in der **Vieille Grange** *(77, Rue des Églises | Tel. 03 88 53 18 40 | mittags und Di/Mi geschl. | €)* gut elsässisch essen.

Auf dem *vélo* können Sie prima die grüne Grenze erkunden. Das **Office de Tourisme** im nahen **5 Wissembourg** **→ S. 41** vermietet E-Bikes und **Espace Cycles** *(Allée des Peupliers | Tel. 03 88 54 33 77 | www.espace-cycles.com)* „normale" Räder. Vorbei an Kuhweiden, Streuobstwiesen und Pferdekoppeln fahren Sie danach **auf der D 3 Richtung Lembach und weiter über Gundershoffen und Mietesheim nach 6 Uberach** zur gleichnamigen **Mikrobrauerei** *(5, Rue du Cerf | Tel. 03 88 07 07 77 | Mo–Fr 8.30–12.30 und 13.30–*

18.30 Uhr | www.brasserie-uberach.fr). **Über Bouxwiller geht es dann durch den Wald der Nordvogesen ins zauberhaft gelegene 7 La Petite-Pierre → S. 39** zu Frankreichs einzigem Biohotel **La Clairière**.

Nach dem Besuch von **8 Graufthal → S. 39** mit seinen kuriosen **Höhlenwohnungen** fahren Sie **parallel zum Fluss Zinsel talwärts und über Dossenheim-sur-Zinsel** nach **9 Saverne → S. 36**, wo Sie Ihr nächstes Nachtquartier beziehen. Am Nachmittag bietet sich eine Radtour (hin und zurück knapp 30 km, E-Bikes beim Office de Tourisme) zum Schiffshebewerk **10 Plan Incliné → S. 40** an: Die Strecke verläuft ganz eben neben dem Rhein-Marne-Kanal.

Auf der Weiterfahrt **zweigen Sie bei Gottenhouse rechts ab** und genießen die Elsässische Schweiz. Im Haseltal befindet sich **bei der Wirtschaft Cascade du Nideck** ein Parkplatz. Von hier ist es nur eine gemütliche Viertelstunde zu Fuß zur INSIDER TIPP traumhaften Picknickstelle unterhalb der **11 Nidecker Wasserfälle**. Ein Abendessen mit Flammkuchen und Rostbraten vom Grill erwartet Sie im **12 La Stub** *(210, Rue de la Gare | Tel. 03 88 50 00 51 | Di/Mi und außer So mittags geschl. | la-stub.fr | €)* in Heiligenberg. **Über Klingenthal** erreichen Sie dann das **Klosterhotel** auf dem **13 Mont Sainte-Odile → S. 73**.

Die kurvenreiche Waldstraße bringt Sie über das Rotweindorf 14 Ottrott auf die Weinstraße, der Sie ab jetzt nach Süden folgen. Einen guten Mittagstisch finden Sie in **15 Mittelbergheim → S. 73**, nachdem Sie den dortigen **Weinlehrpfad (Symbol: gelbe Tulpe)** auf die Grand-Cru-Lage Zotzenberg erkundet haben. Spüren Sie jetzt schon die magischen Kräfte der **16 Haut-Kœnigsbourg → S. 72**? Widerstand zwecklos, fahren Sie hin: Schöner ist die Welt der Ritter nirgends! **Danach gondeln Sie weiter, direkt ins Bilderbuchelsass** – gönnen Sie sich den ein oder anderen Bummel durch die charmanten Winzerdörfer, etwa in **17 Ribeauvillé → S. 66** und in **18 Riquewihr → S. 67**, bevor Sie Ihr heutiges Ziel **19 Kaysersberg → S. 65** erreichen.

Von hier ist die Bergwelt der Vogesen nicht mehr weit, die Sie **über die D 415** erreichen. Ein erster Stopp lohnt oben am **20 Lac Blanc**, der ein guter Ausgangspunkt für eine kleine Wanderung ist, um die raue Schönheit der Vogesen mit Bergweiden, Hochmooren und Wäldern kennenzulernen. Die Drei-Seen-Tour verbindet Weißen See, Lac

27 km
7 La Petite-Pierre
TAG 3
12 km
8 Graufthal
20 km
9 Saverne
15 km
10 Plan Incliné
TAG 4
49 km
11 Nidecker Wasserfälle
12 km
12 La Stub
17 km
13 Mont Sainte-Odile
TAG 5
8 km
14 Ottrott
9 km
15 Mittelbergheim
31 km
16 Haut-Kœnigsbourg
13 km
17 Ribeauvillé
4 km
18 Riquewihr
6 km
19 Kaysersberg
TAG 6
20 km
20 Lac Blanc

49 km

㉑ Ferme Auberge du Treh

13 km

㉒ Ferme Auberge Grand Hêtre

TAG 7

25 km

㉓ Lac de Kruth-Wildenstein

9 km

㉔ Parc de Wesserling

18 km

㉕ Ferme Auberge Thanner Hubel

TAG 8–9

17 km

㉖ Sentheim

39 km

㉗ Thann

23 km

㉘ Mulhouse

TAG 10

15 km

㉙ Écomusée

Noir und Lac du Forlet (Lac des Truites) und dauert um die drei Stunden. Mit etwas Glück reicht die Sicht bis auf die Schweizer Alpen und den Mont Blanc. Links und rechts der Kammstraße Route des Crêtes finden Sie Bergbauernhöfe mit warmer Küche sowie Käse, Butter und Speck im Hofverkauf. **Folgen Sie dieser tour-de-France-erprobten Höhenstraße bis zur ㉑ Ferme Auberge du Treh → S. 84**, wo Sie bei traumhafter Sicht Kaffee und Kuchen (köstlicher Blaubeerkuchen!) oder eine zünftige Melkermahlzeit genießen können. **Über ein kurzes Stück zurück auf der D 430 und dann rechts ab auf die D 27** erreichen Sie Ihr Quartier, die **㉒ Ferme Auberge Grand Hêtre** *(5 Zi. | Schnepfenried | Tel. 03 89 77 61 95 | www.grand-hetre.com | €)*.

Fahren Sie auf der D 27 zurück auf die Route des Crêtes und folgen Sie ihr Richtung Thann zum Stausee ㉓ Lac de Kruth-Wildenstein, wo Sie bei entsprechendem Wetter ein Bad nehmen können. **Kurz nach Kruth** treffen Sie auf den **㉔ Parc de Wesserling → S. 85** mit seinen wunderbaren Gartenlandschaften. **Bei Bitschwiller-lès-Thann zweigen Sie dann rechts auf die Panoramastraße Route Joffre nach Masevaux ab und gelangen durch ein längeres Waldstück auf den Col du Hundsruck,** wo Sie das Auto abstellen. Ab hier ist die **㉕ Ferme Auberge Thanner Hubel** *(Tel. 03 89 38 11 93 | Mo geschl. | www.thannerhubel.fr)* ausgeschildert, **die Sie in ungefähr einer Stunde erreichen.** Für nur 35 Euro übernachten Sie hier im Matratzenlager inklusive Halbpension.

Fahren Sie die Panoramastraße hinunter bis Masevaux und zweigen Sie dort links nach ㉖ Sentheim ab, wo am alten Bahnhof die **Historische Eisenbahn** *(Juni–Sept. So, Juli/Aug. auch Mi | www.train-doller.org)* unter Dampf steht. Diese zuckelt **in gemütlichen dreieinhalb Stunden nach Cernay und zurück. Von Sentheim geht es dann anschließend zum südlichen Ende der Weinstraße in ㉗ Thann → S. 87**. Auf dem **Weinlehrpfad** entdecken Sie dort die steilsten Steillagen des Elsass. **Nach ㉘ Mulhouse → S. 76 ist es dann nur noch eine halbe Stunde.** Den ganzen nächsten Tag sollten Sie dieser oft unterschätzten Stadt mit ihren Sehenswürdigkeiten widmen.

Das **㉙ Écomusée → S. 82** in Ungersheim erreichen Sie **über die Schnellstraße Richtung Guebwiller.** Für diese Zeitreise ins Elsass von dazumal sollten Sie sich einen halben Tag Zeit nehmen. **Kurz vor Guebwiller geht es dann wie-**

der auf die Weinstraße und auf dieser weiter bis nach **30 Colmar** **→ S. 60**, wo Sie die Tour bei einer Sekt- und Weinprobe in der **Cave Wolfberger** *(5, Chemin de la Fecht | Mo 14–18.30, Di–So 10–18.30 Uhr | www.wolfberger.com)* beschwingt ausklingen lassen.

2 AUF DEM FAHRRAD DURCHS „KRUMME" ALSACE BOSSUE

START: 1 Lorentzen
ZIEL: 1 Lorentzen

Strecke:
ca. 40 km

4–5 Stunden
reine Fahrzeit
3 Stunden

KOSTEN: E-Bike 20 Euro (halber Tag 13 Euro), Fahrrad 10 (5) Euro
MITNEHMEN: Picknick, Picknickdecke, Sonnenschutz, Wasser, Fahrradkorb oder -tasche für Einkäufe

Wiesen, Wälder, lauschige Dörfer und Bier statt Wein: Das wenig bekannte „Krumme" Alsace Bossue ist ein kaum berührter, grüner Winkel Frankreichs. Der Landstrich westlich der Vogesen ist bucklig *(bossue)*; sein deutscher Name rührt von der krummen Departementsgrenze her, die sich hier von Dorf zu Dorf windet, je nachdem ob katholisch oder evangelisch.

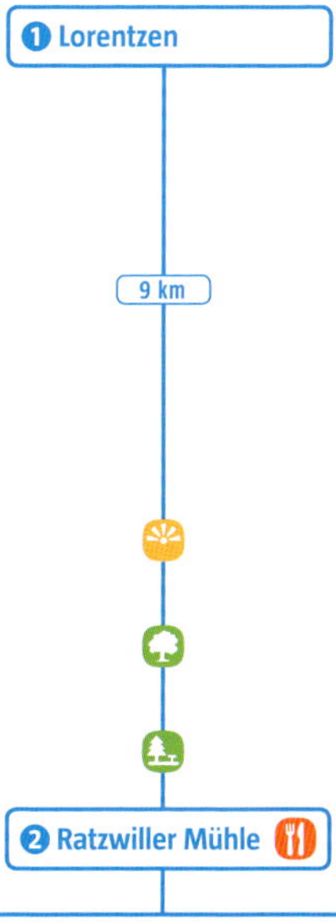

11:00 Der Ausgangspunkt **1 Lorentzen** bietet mit XXL-Hauptstraße und Vorgärten ein typisches Bild für diese Region. Das **Office de Tourisme** *(90, Rue Principale | Tel. 03 88 00 40 39 | www.tourisme.alsace-bossue.net)* im Schloss verleiht Räder und E-Bikes, auf Wunsch und ohne Aufpreis mit Fahrradkorb, Kindersitz und Helmen. **Sie starten am Schloss, wo Sie links auf die Hauptstraße einbiegen und am Kreisel am Ortsausgang den Feldweg nehmen. An der Brücke radeln Sie rechts am jüdischen Friedhof vorbei bis zum Ortseingang von Diemeringen. Dort die Straße queren und die erste Steigung auf der Rue de l'Étang sportlich nehmen.** Die letzten Häuser haben Sie gleich hinter und eine schöne Aussicht vor sich. **Im Wald zweigen Sie an der Kreuzung links nach Ratzwiller ab.**

Auf der Hauptstraße verlassen Sie den Ort und fahren geradeaus auf einem abschüssigen Feldweg zu einem Weiher mit Schattenplatz fürs Picknick. Achtung: Bodenwellen – drosseln Sie das Tempo! **Am See halten Sie sich links** und radeln zur rustikalen **2 Ratzwiller Mühle** *(tgl.)*. Wirtin An-

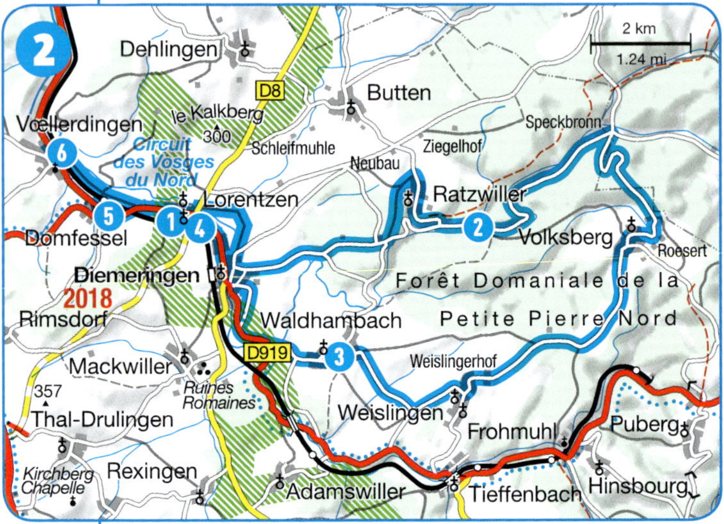

neliese versorgt Sie mit Bier, Sirup und, falls da, mit Brezeln. Das erste Drittel ist nun geschafft. **Verlassen Sie die Fahrstraße vor der Rechtskurve. Hier zweigt ein Waldweg ab.** Jetzt geht es über Stock und Stein und Wurzeln. **An einer kleinen Brücke fahren Sie rechts** bis zur Heidenkirche, Überbleibsel eines im 16. Jh. verlassenen Dorfs.

17 km

An der nächsten Etappe (Speckbronn) fahren Sie rechts in den Wald, wo Sie das steilste Stück der Tour erwartet. **Mitten im Wald biegen Sie erneut rechts ab und folgen dem Schild „Volksberg". Dort radeln Sie über die Hauptstraße nach Weislingen, wo Sie an der Kirche dem Schild „Toutes Directions" folgen. Am Ortsausgang biegen Sie rechts in die Rue des Cérises ein** und kommen nach Wald, Wiesen und Wasserturm zum vielleicht schönsten Dorf auf dieser Tour, **3 Waldhambach**. Dort finden Sie die Biomikrobrauerei **Blessing** *(5, Rue de la Promenade | Tel. 0 39 53 19 08 28 | Fr 15–19, Sa 9–12 Uhr und nach Anmeldung | brasserieblessing.blogspot.fr).*

3 Waldhambach

5 km

13:00 Bis Diemeringen erleben Sie wieder das nun schon vertraute Auf und Ab. **Von hier zurück nach 4 Lorentzen sind es dann nur noch wenige Minuten auf gerader Strecke. Links am Ortseingang** befindet sich die **Mikrobrauerei Roehrig** *(Mo–Fr 9–12 und 13.30–17.30, Sa*

4 Lorentzen

2 km

8–12 Uhr), die ihre Biere Lorentzer Weisse und S'Helle zur Kostprobe gibt. **Lorentzen durchfahren Sie jetzt der Länge nach,** der nächste Ort ❺ **Domfessel** ist nicht zu verfehlen. **In der Dorfmitte** ist die evangelische **Wehrkirche** das Ziel.

14:00 **Nach der Kirche nehmen Sie die erste Straße rechts (Rue de l'École) und fahren runter zur Departementsstraße und dann links bis** ❻ **Vœllerdingen** zum Bioládele **Les Vergers d'Arlette** *(9, Rue Principale | www.lesvergersdarlette.com)* von Arlette und Gérard Carrière zur Apfelsaft-, Cidre- oder Schnapsprobe. **Kehren Sie um und biegen Sie links in die abschüssige Rue du Moulin ein.** Am Ende der Straße gibt es einen Angelweiher und leckere INSIDER TIPP Schinkenbrote bei der **Moulin de Vœllerdingen** *(Di–So 8–19 Uhr)* von Familie Klein. **Nach** ❶ **Lorentzen zurück sind es auf gleicher Strecke dann nur noch wenige Minuten.**

❺ Domfessel

2 km

❻ Vœllerdingen

4 km

❶ Lorentzen

3 TAGESWANDERUNG BEI DAMBACH-LA-VILLE

START: ❶ Scherwiller **ZIEL:** ❶ Scherwiller	**1 Tag** reine Gehzeit gut 5 Stunden
Strecke: ca. 18 km — Schwierigkeitsgrad: leicht	

MITNEHMEN: Wanderschuhe, Wasser, Sonnen- und/oder Regenschutz, Picknick, Blasenpflaster, Fernglas

ACHTUNG: Da es im Wald Zecken (frz.: *tiques*) gibt, sollten Sie sich nicht einfach so ins Gras setzen – auf der Tour gibt es ausreichend Sitzbänke.
Wenn Sie am Abend essen gehen wollen, denken Sie daran, dass es vor 19 Uhr keine warme Küche gibt, und reservieren Sie vorab.

Das Elsass ist ein Wanderparadies. Zu jedem Gipfel und zu jeder Burg hat der Club Vosgien Pfade beschildert. Mit dieser Tagestour „erlaufen" Sie ein gutes Stück elsässische Geschichte: von den wilden Felsformationen der Vorzeit ins Mittelalter und die Renaissance und dann weit zurück zu den Kelten.

10:00 **Am ehemaligen Steinbruch an der Huehnelmuehle** bei ❶ **Scherwiller** begleiten Sie **auf der Ancienne Redoute, einem Teil der Maginotlinie, westwärts einen Bach durch einen Mischwald. Sie folgen dem**

❶ Scherwiller

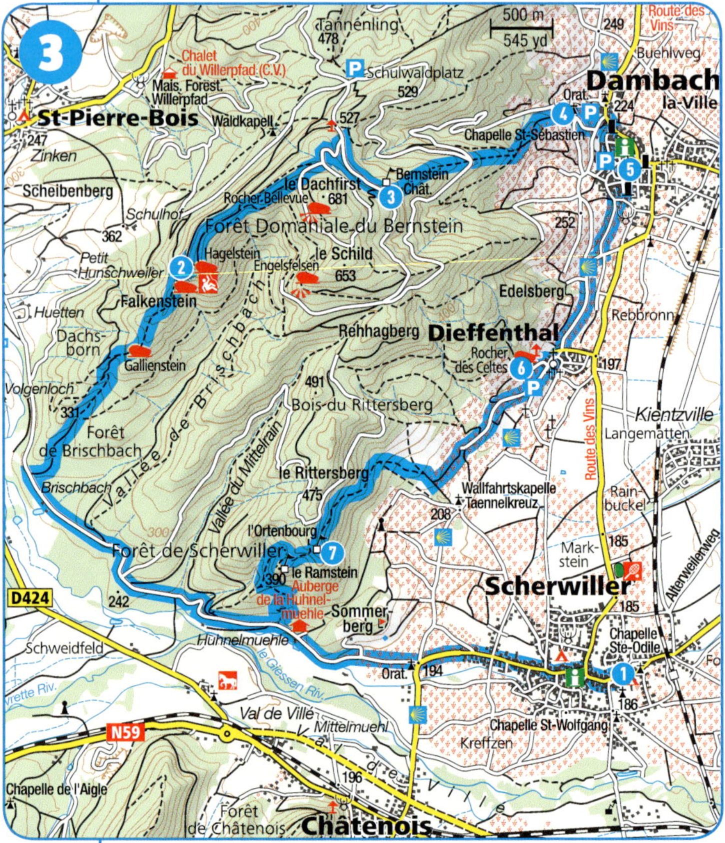

8 km

2 Falkenstein

3 km

3 Bernstein

2 km

gelben Kreis und biegen beim Chemin du Tilleul (Lindenweg) rechts ab in den Forêt de Brischbach und wandern die nächsten Kilometer bergauf, vorbei an markanten Felsen. Erstes Ziel ist der **2 Falkenstein** mit seinem tollen Tal- und Burgenblick. Wo, wenn nicht hier rasten?

Anschließend folgen Sie zuerst dem gelben Dreieck, dann dem gelben Kreis. Am Wegkreuz Kriegshurst folgen Sie dem roten Rechteck nach links durch schönen Eichenwald bis zur Burgruine **3 Bernstein**. Die Holztische sind ideal fürs Picknick und der Turm ist begehbar. Kinder sollten Sie hier aber nicht unbeaufsichtigt kraxeln lassen, weil die Ruine sehr steile Treppen hat! **Sie nehmen den Pfad**

nach unten (rotes Kreuz, blauer Kreis) bis zur ④ Chapelle Saint-Sébastien, die für ihre Schnitzereien berühmt ist. Im Beinhaus liegen mehrere Tausend (!) Skelette aus der Zeit der Bauernkriege, die hier tobten.

14:00 **⑤ Dambach-la-Ville** ist schon zu sehen, wenn Sie **auf der Fahrstraße durch die Weinberge gehen. Wenn Sie der Straße folgen, kommen Sie direkt ins Zentrum** mit dem prächtigen **Rathaus** aus der Renaissance. **Gehen Sie davor rechts in die Rue de L'Église und dann weiter bis zur Porte de Scherwiller. Gleich dahinter links** lockt die Wirtschaft **Aux Deux Clefs** *(1, Rue de Dieffenthal | Tel. 06 08 01 32 82 | Di/Mi geschl. | www.mersiol.com | €)* mit INSIDER TIPP Biergarten, die tagsüber Zwiebelkuchen, Omelett und andere kleine Speisen serviert.

Nach einer ausgiebigen Pause geht es **an der Straße bergauf parallel zur Stadtmauer weiter und dann links, immer dem Jakobsweg nach durch die Weinberge.** Rechts sehen Sie die Grand-Cru-Lage Frankstein. **In Dieffenthal überqueren Sie eine Fahrstraße und folgen dem Zeichen „Jardin Médiéval" durch eine Straße mit bunten Fachwerkhäusern.** Oberhalb des mittelalterlichen Kräuter- und Blumengartens thront der **⑥ Rocher des Celtes** (Keltenfelsen) mit einem Pavillon. Besagter Felsen mit seinen mit Wasser gefüllten Mulden soll einst ein keltischer Ritualplatz gewesen sein. **Gehen Sie dann wieder hinunter zu der Stelle, wo Sie abgezweigt sind, und folgen Sie weiter dem Weg.**

16:30 **Bald verlassen Sie den breiten Weg und folgen dem roten Dreieck stramm bergauf. Den Wald erreichen Sie auf einem Pfad, der dann in einen breiten Weg zur ⑦ Ortenbourg** übergeht. Das von den Habsburgern gebaute Felsennest liegt nach wie vor strategisch güns-

④ Chapelle Saint-Sébastien
1 km
⑤ Dambach-la-Ville
2 km
⑥ Rocher des Celtes
3 km
⑦ Ortenbourg

Auf dem Weg zur Ruine Bernstein wandern Sie durch diesen Laubwald

tig. Rhein- und Weilertal sowie Hohkönigsburg sind von hier oben zu sehen.

5 km

Der Waldweg zur Huehnelmuehle bergab ist gut ausgeschildert und passiert Findlinge und eine leergeräumte Kapelle. **Der Ausgangspunkt ist bald erreicht.** Fürs Abendessen bietet sich das auf Flammkuchen und Herzhaftes INSIDER TIPP (Kalbskopf!) spezialisierte Restaurant **A La Couronne** *(2, Rue de la Mairie | Tel. 03 88 92 06 24 | tgl. | www.couronne.com | €)* im Rieslingdorf ❶ **Scherwiller** an.

❶ Scherwiller

4 GENUSSTOUR VON EGUISHEIM NACH NIEDERMORSCHWIHR

START: ❶ Eguisheim **ZIEL:** ❽ Niedermorschwihr	**1 Tag** reine Fahrzeit knapp 90 Minuten
Strecke: gut 60 km	

KOSTEN: ca. 10 Euro Benzinkosten, Eintritt ❸ **Hohlandsbourg** 9 Euro
MITNEHMEN: Wanderschuhe, Sonnen- und/oder Regenschutz, Wasser, Picknick, ggf. Fernglas

ACHTUNG: Denken Sie an die Promillegrenze von 0,5. Bei Weinproben dürfen Sie auch ausspucken.
Fürs Restaurant sollten Sie unbedingt reservieren. Auch für eine Weinprobe beim Winzer empfiehlt sich telefonische Anmeldung.

Für das gute Leben ist das Elsass eine der ersten Adressen. Hier gibt es französische Raffinesse in deutschen Portionen. Ausgangspunkt dieser Genusstour ist eines der schönsten Dörfer im Elsass, Zielort das kulinarisch interessante Niedermorschwihr. Planen Sie ausreichend Zeit für Degustationen sowie Spaziergänge ein – Beine vertreten muss schließlich auch sein!

❶ Eguisheim

6 km

10:00 In ❶ **Eguisheim** an der Weinstraße geht es immer rund, viele Touristen und Ringstraßen um die ehemalige Wasserburg machen den Charakter des Städtchens aus, das 2013 zu Frankreichs schönstem Dorf gewählt wurde. Vielleicht entdecken Sie den kleinen Laden **Chez Thierry** *(14, Rue du Rempart Sud)* mit der köstlichen Salami oder auch **Le Café Australien** *(Rue du Allmend Nord)*, wo es Cappuccino mit Milchschaum gibt – im Elsass noch keine Selbstverständlichkeit. Besonders leckere Croissants bekommen Sie in der **Pâtisserie Marx** *(39, Grand'Rue)*.

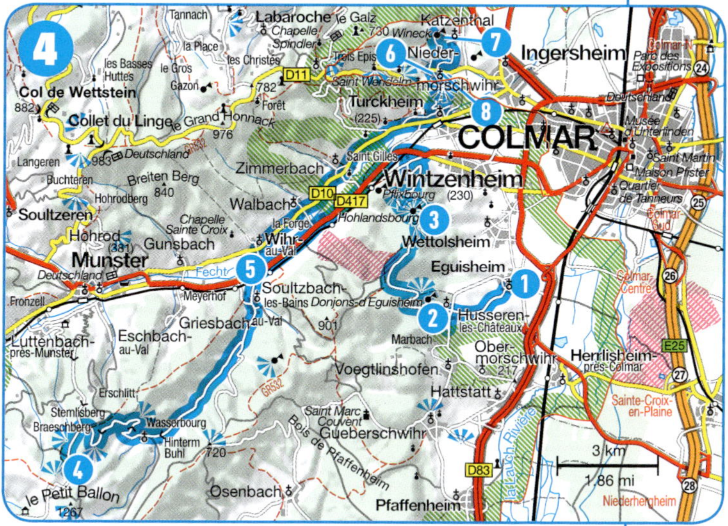

Von Eguisheim führt die Weinstraße zunächst nach Süden und dann kurvenreich durch die Reben hinauf durch Husseren-les-Châteaux auf die Route des Cinq Châteaux. Im Wald bietet sich rechts bei den **2 Trois Châteaux** ein erster Stopp an. Vom Parkplatz sind Sie in ein paar Minuten dort. Die nächste Burg ist die proper hergerichtete **3 Hohlandsbourg** mit Café und tollem Blick auf die Elsässer Weinherrlichkeit.

Über die Burgenstraße gelangen Sie hinunter ins Munstertal, wo Sie auf der D 417 ein kurzes Stück Richtung Munster fahren und dann Richtung Wasserbourg abzweigen. Dort fahren Sie zur ausgeschilderten 4 Ferme Auberge Le Buchwald *(Tel. 03 89 77 37 08 | Mo geschl. | €)* auf die Alm. Bei den hübsch gefleckten Kühen links und rechts handelt es sich um *vosgiennes,* die von Familie Wehry gezüchtet werden. Dieses ehemals fast ausgestorbene Vogesenrind liefert die beste Milch für Butter, Munster- und Bergkäse. Mit schöner Aussicht auf der Terrasse schmeckt das Mittagessen noch besser. Vor der Weiterfahrt können Sie sich für ein Picknick oder zu Hause eindecken.

14:00 Gut gegessen? Dann darf eine Weinprobe ruhig kommen! Ziel ist das einzige Weingut im Tal, **5 Vins Schoenheitz** *(1, Rue de Walbach | Tel. 03 89 71 03 96 |*

2 Trois Châteaux

4 km

3 Hohlandsbourg

25 km

4 Ferme Auberge Le Buchwald

14 km

5 Vins Schoenheitz

10 km

Brezeln und Croissants: Bäcker Marx in Eguisheim ist ein sicherer Tipp

www.vins-schoenheitz.fr) in Wihr-au-Val. **Dafür nehmen Sie den gleichen Weg runter, überqueren die D 417 und fahren geradeaus weiter** – das Weingut liegt direkt im Ortskern. Mit seinem Riesling und Crémant macht Henri Schoenheitz seinem Namen alle Ehre.

Wählen Sie für die Weiterfahrt nach Turckheim → S. 67 die beschauliche Landstraße D 10 längs der Fecht – aber Achtung: Hier gilt, auch wenn es anders aussieht, rechts vor links. **Am Busbahnhof in Turckheim biegen Sie links ab und fahren über die Weinlage Brand nach ⑥ Niedermorschwihr, wo Sie rechts Richtung Colmar abbiegen und am Ortsausgang links parken.** Sehenswert ist die **Dorfkirche** mit ihrem verdrehten Kirchturm und der Silbermann-Orgel – und **in der Dorfmitte weiter oben** lockt die **Maison Ferber** *(Mo geschl.)*: Dort führt und rührt die längst international bekannte Christine Ferber Zepter und Kochlöffel. Ob *Kougelhopf* oder Konfitüre (z. B. Himbeere mit Sternanis oder Veilchen), alles ist köstlich, hat aber auch seinen Preis.

17:00 Vor dem Abendessen ist ein ausgiebiger Spaziergang (ca. 90 Minuten hin und zurück) angesagt: Ziel ist die **Burgruine Wineck** in **⑦ Katzenthal**. **Der Abstecher beginnt gleich neben dem Parkplatz an einer Gasse (Wanderzeichen gelbes Dreieck).** In Katzenthal kommen Sie am Demeter-Weingut **Klur** *(105, Rue des Trois Épis | Tel. 03 89 80 94 29 | www.klur.net)* vorbei; vielleicht haben Sie im Rucksack ja noch Platz für zwei, drei Flaschen ... **Von hier sind es noch zehn Minuten über den Chemin du Château** zur Wineck, der einzigen Burg in einem Weinberg.

Zurück geht es dann über den gleichen Weg. In **⑧ Niedermorschwihr** ist das **Caveau Morakopf** *(7, Rue des Trois Épis | Tel. 03 89 27 05 10 | So/Mo geschl. | www.caveaumorakopf.fr | €€)* mit Terrasse und sehr guter Weinkarte erste Wahl, wenn Sie rechtzeitig reserviert haben und nicht an einem der Ruhetage des Lokals unterwegs sind. Es glänzt mit Klassikern wie Kalbskopf und Raritäten wie Kutteln in Rieslingsauce. Eine nicht minder empfehlenswerte Alternative ist anderenfalls das **Caveau des Chevaliers de Malte** *(127, Rue des Trois Épis | Tel. 03 89 27 09 78 | Di und außer So mittags geschl. | www.caveau-chevaliers.fr | €).* Raymonde Wolff schwört auf warme Fleischpastete nach altem Familienrezept.

5 GEMÜTLICH AUF DEM RAD DURCH DEN SUNDGAU

START: ① Ferrette
ZIEL: ① Ferrette

½ Tag
reine Fahrzeit
ca. 4 Stunden

Strecke:
gut 50 km

KOSTEN: E-Bike 20 Euro (halber Tag 13 Euro), Fahrrad 15 (10) Euro, Museum 2,50 Euro
MITNEHMEN: Sonnen- und/oder Regenschutz, Wasser, Landkarte

ACHTUNG: Fahrradverleih: **Cycles Roth** *(3, Route de Lucelle | Tel. 03 89 40 46 22 | Di–Sa 9–12 und 14–19 (Sa bis 18) Uhr | www.cycles-roth.fr)*
Fürs Abendessen rechtzeitig reservieren!
Stecken Sie für die Einkehr in ③ **Rodersdorf** ein paar Schweizer Franken ein.

Lang gezogene Steigungen und ebensolche Gefälle, Wälder und Wiesen, Kapellen und Bildstöcke, Kühe und Pferde: Wenn Sie den Sundgau mit dem *vélo* erkunden, fahren Sie durch Dörfer, an denen die Zeit vorbeigegangen ist, und entdecken einen vom Tourismus wenig berührten Landstrich.

13:00 Mit seiner Infrastruktur – Geschäfte, Gastronomie, Fahrradverleih, Office de Tourisme – ist der Hauptort des Sundgaus ① **Ferrette** idealer Ausgangspunkt für eine Radtour. Wenn Sie samstags starten, können Sie sich auf dem INSIDER TIPP kleinen Bauernmarkt mit *büra-brot* (Holzofenbrot), Speck und Käse von kleinen Produzenten eindecken. **Sie verlassen das Städtchen am oberen Ortsausgang Richtung Ligsdorf und nehmen die D 432: Es geht erst einmal stramm bergauf.**

① Ferrette

9 km

Auf der Departementsstraße zweigen Sie rechts ab und schnurren nach dem Bergsattel entspannt talwärts nach Bendorf, das Sie in Richtung Moulin de Bendorf verlas-

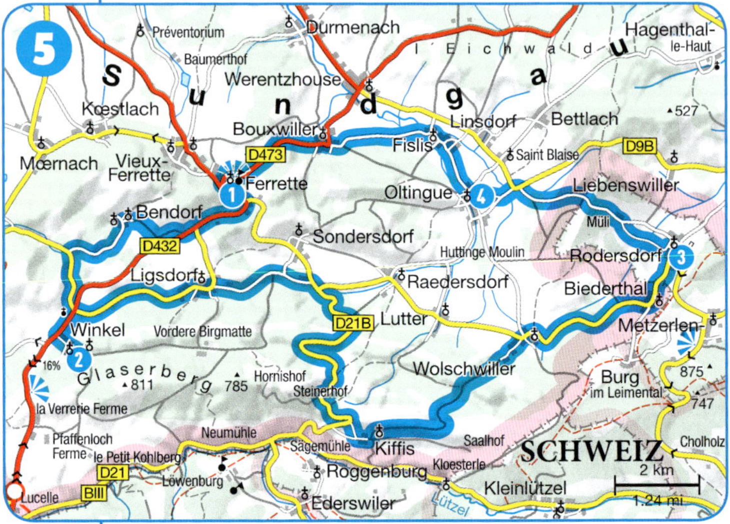

sen. Die Chapelle Saint-Antoine lassen Sie rechts liegen und radeln geradeaus nach Winkel bis zum Rathaus *(mairie)* und dann links in die Rue Principale. Sie stoßen direkt auf die schräg am Hang gebaute Chapelle de Warth. Wenn Sie noch ein Stück weiterfahren, kommen Sie zur **2 Illquelle** am Glaserberg, dem Ursprung des wichtigsten Flusses im Elsass. **Fahren Sie die gleiche Strecke retour bis zur Chapelle Saint-Antoine und biegen Sie dort rechts ab nach Ligsdorf** und begleiten Sie die Ill, die hier noch ein kleiner Bach ist.

2 Illquelle

15:00 **In Hippoltskirch zweigen Sie** für eine wunderbare Waldpartie **rechts ab: Die D 21b** führt kurvig über den Osthang des Glaserbergs. Zuerst müssen Sie gut in die Pedale treten, kurz nach der Ferme Blochmont können Sie es rollen lassen. Das nächste Dorf Kiffis liegt unmittelbar an der Schweizer Grenze. **Hier radeln Sie auf der D 23** vorbei an Wald und Wiesen **über die Dörfer Wolschwiller und Biederthal bis** **3 Rodersdorf** – immer noch

26 km

3 Rodersdorf

Sundgau, aber schon Schweiz. Gönnen Sie sich hier auf der großen Terrasse des **Restaurants Bahnhof Rodersdorf** *(Dammstr. 10 | Mo/Di geschl.)* eine Erfrischung. **An der Rodersdorfer Kirche zweigen Sie anschließend links ab mit dem Ziel ④ Oltingue**. In „Öltingen" lohnt ein kurzer Besuch im **Musée Paysan** *(Mitte Juni–Sept. Di, Do, Sa und So 15–18, März–Mitte Juni und Okt.–Dez. So 14–17 Uhr)*, dem ersten Heimatmuseum, das im Elsass auf dem Land installiert wurde. **Ein paar Stufen tiefer** riecht es nach feiner Küche: Das Restaurant **Le Caveau** *(10, Rue Principale | Tel. 03 89 25 14 96 | Sa-Mittag, Mo-Mittag und Di/Mi geschl. | www.restaurant-le-caveau.fr | €)* bleibt mit Kalbsfilet, Cordon bleu und mehr der französischen Küche treu.

18:00 Erfrischt und gestärkt geht es auf nahezu ebener Strecke und in Sichtweite der Ill durch die hübschen Blumendörfer **Fislis (hier scharf links abbiegen) und Bouxwiller. Hier zweigen Sie in die Rue du Réservoir ein, biegen einmal leicht rechts, dann leicht links ab und gelangen über die Rue Zuber auf die Rue du Château zurück nach ① Ferrette. Sie kommen in der Unterstadt an,** wo auch die beiden Restaurants **Collin** *(4, Rue du Château | Tel. 03 89 40 40 72 | Di-Abend und Mi geschl. | www.hotelcollin.fr | €)* und **Au Cheval Blanc** *(3, Rue Léon Lehmann | Tel. 03 89 40 41 30 | Mo geschl. | €)* warten. Beide haben den Sundgauklassiker *carpe frite* und natürlich *tarte flambée* auf der Karte. Machen Sie zuvor aber noch einen Fünf-Minuten-Spaziergang hinauf zur **Burg** mit sensationeller Aussicht!

6 km

④ Oltingue

10 km

① Ferrette

Krönender Abschluss der Tour ist dieser Blick von der Burg in Ferrette

SPORT & WELLNESS

Von wegen nur gut essen! Das Elsass straft alle Klischees Lügen. Die Region bietet ihren Gästen eine große Vielfalt an Betätigungsmöglichkeiten: Angeln und Ballonfahren, Fahrradsattel und Pferderücken, Querfeldeinlaufen und gepflegtes Golfen auf dem Green. Darum: Bringen Sie nicht nur gute Vorsätze mit, sondern auch passende Kleidung und Sportschuhe! Nach dem Sport schmeckt die *cuisine alsacienne* dann doppelt so gut ...

ANGELN

Angler brauchen keinen Angelschein, es reicht eine *carte de pêche,* erhältlich im Rathaus, Tabakgeschäft oder im Internet *(7-Tage-Karte ca. 30 Euro | www.peche67.fr, www.peche68.fr).*

BALLONFAHREN, DRACHENFLIEGEN & FALLSCHIRMSPRINGEN

Für die einen ist es eine Mutprobe, für die anderen ein Sport wie jeder andere auch, nur dass man dabei einen etwas anderen Blick auf die Welt wirft: Im Straßburger *Aérodrome du Polygone (Tel. 03 88 84 48 48 | www.alsace-para.com)* lässt sich das Fallschirmspringen lernen – aus 4000 m Höhe. Flüge mit dem Heißluftballon werden im Zentralelsass angeboten, Startort ist im Munstertal *(Tel. 03 89 77 22 81 | www.aerovision-montgolfiere.com).* Drachenfliegen (auch zu zweit) bietet das *Centre École du Markstein (Tel. 03 89 82 17 16 | www.centreecolemarkstein.com)* an. Und aus dem Hubschrau-

Wandern oder biken in den Vogesen, paddeln auf der Ill oder im Ried, klettern im Sandsteinbruch: Das Angebot ist riesig

ber das Land von oben anschauen können Sie bei *Hélitravaux (Tel. 03 89 77 20 28 | www.helitravaux.com)* in Colmar.

CANYONING

Rutschige Felsen, tiefe Wasserfälle, hallo Abenteuer! In den Vogesen rauschen der Wildbach und das Adrenalin in den Adern, wenn es am Seil eine Schlucht bergab geht. *Aventure & Canyoning Agency | Tel. 06 71 04 19 30 | www.aventurecanyon.com*

FAHRRADFAHREN

Fand Radfahren in Frankreich früher nur mit dem Rennrad auf Panoramastrecken statt, so ist es heute ein Volkssport, ob mit Mountainbike (VTT, *vélo tout terrain*), Trekkingbike (VTC, *vélo tout chemin*) oder neuerdings auch mit dem E-Bike. Fast jedes Office de Tourisme verleiht Räder, auch Fachhandel, Hotels und sogar Winzer machen mit *(www.alsaceavelo.fr)*. Für Radler gibt es immer mehr markierte Fahrradwege, Werkstätten und Events wie den INSIDER TIPP **autofreien Sonntag Slowup** *(www.slowup-alsace.fr)* an der Weinstraße: 30 km sind dann für die Pedalierer reserviert und für Autos gesperrt. Kulinarische Stationen gehören natürlich dazz; Dresscode: weiße Kleidung, eine Hommage an die Elsässer Weißweine. Mountainbiker finden im Elsass das große Abenteuer, z. B. rund um La Petite-Pierre oder südlich in den Hochvogesen am Lac Blanc eine INSIDER TIPP **knackige Downhillstrecke** mit Rad- und Helmverleih *(www.lacblanc-bikepark.com)*. Außerhalb von Ortschaften müssen Radfahrer bei Dunkelheit eine Warnweste tragen.

KANU & KAJAK

Für Kanuten ist das Elsass so etwas wie das gelobte Land. Im Grand Ried gibt es neben der Ill viele Wasserläufe und Kanäle, ebenso in und um Straßburg (Rhin Tortu), und im Nordelsass können Sie auf Lauter, Moder, Zorn und Saar paddeln. Ausleihstationen befinden sich in *Illhaeusern (Canoës du Ried | Tel. 03 89 73 84 82 | www.canoes-du-ried.com)* und in *Ostwald (Itinérair'Alsace | Rue du Général Leclerc | Tel. 03 88 29 56 62 | www.itinerairalsace.com).*

KLETTERN

Das Nahziel für Straßburger Kletterer ist das *Kronthal,* ein ehemaliger Sandsteinbruch zwischen Marlenheim und Wasselonne. Die meisten der 50 Klettergebiete *(www.escalade-alsace.com)* liegen in den Nordvogesen, einige wenige ganz im Süden. Einen ähnlichen Thrill bieten Hochseilgärten wie der in Breitenbach *(www.parc-alsace-aventure.com)* mit seiner 3 km langen Seilrutsche, dem 35 m hohen INSIDER TIPP **Turm zum senkrechten Hinabgehen (!)** und weiteren Parcours.

LAUFEN & MARATHON

Wie das große Vorbild in Bordeaux ist auch der *Marathon du Vignoble d'Alsace* (Elsässer Weinbergmarathon, *www.marathon-alsace.com*) Anfang Juni eine lustige Sache: An den Start geht man kostümiert als Obelix oder Elvis oder Biene Maja (oder was auch immer); während des Laufs gilt es, zwölf Stationen mit Wein und kulinarischen Spezialitäten zu überstehen. Wesentlich härter ist dagegen der *Querfeldeinlauf (www.lesvosgirunners.com)* in Niederbronn-les-Bains. Die Läufe finden im April und September über mehrere Distanzen statt (72, 53 und 25 km), Zielorte sind die umliegenden Burgen und Berge. Daneben gibt es auch etliche „normale" Läufe, wie den *Benefizlauf* (Marathon und Halbmarathon) in und um Colmar im September mit Konzerten und Spätzleparty *(www.marathon-colmar.fr)* und die *Courses de Strasbourg Europe (www.coursesdestrasbourg.eu)* für Geher, Nordic Walker und Läufer. Für alle offiziellen Läufe ist ein Gesundheitsattest Pflicht.

REITEN

Über die ganze Region sind Pferdehöfe *(ferme équestre)* verteilt sowie Wege, die für Reiter ausgewiesen sind. Verschiedene Veranstalter bieten zudem organisierte Ausritte an. *www.chevalsace.com*

WANDERN

Wandern im Elsass ist untrennbar mit dem *Vogesenclub (www.club-vosgien.eu)* verbunden, der fast jedes Wochenende Wanderungen veranstaltet, von gemütlichen 5-km- bis zu anspruchsvollen 30-km- oder 24-Stunden-Märschen. Auch gemütliche Genusswanderungen *(sentier gourmand, balade gourmande, marche gourmande)* werden immer populärer. Im Vergleich zum übrigen Frankreich sind die 20 000 km Wanderwege vorbildlich ausgeschildert. Zudem führen der Jakobsweg *(www.saint-jacques-alsace.org)* und der Fernwanderweg GR 5 *(www.gr-infos.com/gr5d.htm)* durchs Elsass. Nordic-Walking-Stöcke werden oftmals vom Office de Tourisme verliehen. Wer mehrere Tage am Stück von Hotel zu Hotel wandern möchte, kann das im Tal von Kaysersberg tun. Der Gepäcktransport wird von den Hoteliers übernommen *(www.horizons-alsace.com)*.

WELLNESS

Zwar sieht man verdächtig viele Elsässer in den Wellnesstempeln auf der anderen Rheinseite, aber auch im Elsass können Sie in Mineralbädern und Hamams relaxen. Das *Sulzbad (45, Le Canal | Mo 14–19, Di–Fr 9–19, Sa 9–18 Uhr | 2 Std. 39 Euro | www.sulzbad.com)* in Wolxheim ist eine Institution und für elsässische Verhältnisse preisgünstig, präsentiert sich allerdings auch wenig charmant. Vielfältiger, zeitgemäßer und weitläufiger – mit Salzgrotte, Kneippbädern und Jacuzzi – wird Wellness im Hotel *La Source des Sens (www.lasourcedessens.fr)* in Morsbronn-les-Bains zelebriert. Zu Europas bestem Spahotel wurde 2014 das Luxushotel *La Cheneaudière (www.cheneaudiere.com)* in Colroy-la-Roche in den Vogesen gewählt. Auf 2000 m² finden nicht nur Hausgäste eine Landschaft fürs *bien-être:* Wer nicht übernachten möchte, bucht einen Wellnesstag mit einer *pause gourmande.*

Im Grand Ried finden sich jede Menge familiengerechte Paddelgewässer

MIT KINDERN UNTERWEGS

In einem Land mit 1001 Burg kann es für Kinder nicht langweilig werden. Wilde Natur und alte Gemäuer machen aus dem Elsass ein Abenteuerland. Parks gehören eh zur französischen Tradition und in den meisten Städten finden sich auch phantasievoll gestaltete Spielplätze. Bei den Gaststätten ist nicht alles vorbildlich, ein Wickeltisch ist oft unbekannt. Und seltsamerweise versagt Frankreichs Kochkunst. Warum müssen Kinder Burger essen? Zur Not gibt es eben Spätzle für *les kids* – und der Tag ist gerettet.

NORDELSASS

BURG FLECKENSTEIN (128 C2) (*F2*)

Immer noch Ruine, aber seit der Renovierung in den Neunzigerjahren kindersicher. Schon von ihrer äußeren Gestalt ist die alte Stauferburg purer Abenteuerstoff. Ihre Mauern ragen spitz wie Nadeln in den Himmel, und sie sitzt wie von Riesenhand hingesetzt auf einem Felsblock. Weitere Angebote sind die Erlebnisausstellung *P'tit Fleck* zum spielerischen Erkunden der Themen Wald und Sandstein sowie eine rund dreistündige Rallye zum Thema Ritter und Mittelalter. Gleich nebenan finden Sie eine Picknickstelle und ein Restaurant mit Terrasse, wo es auch Bioapfelsaft aus der Region gibt. *Juli/Aug. tgl. 10–18, Mitte März–Juni und Sept./Okt. 10–17.30, Jan.–Mitte März So 12–16 Uhr (nicht bei Glatteis oder Schnee) | 4,50 Euro, Kinder 3 Euro, P'tit Fleck 4,50/4 Euro, Rallye 9,50/8 Euro | www.fleckenstein.fr*

Langeweile Fehlanzeige: Im Elsass warten mittelalterliche Burgen, Storchenparks und auch für Kinder spannende Museen

DIDILAND (128 C3) (*🗺 F3*)
Drachenschiffe, Piratenboote, Autoskooter, Achterbahn, Karussell, Kugelbad ... Der Freizeitpark in der Nähe von Haguenau mit dem Eichhörnchen „Didi" hat Fahrgeschäfte und Sensationen für Kinder. Denken Sie eventuell an Wechselkleidung, da hier etliche Wasserbahnen in Betrieb sind! *1, Route de Gunstett | Morsbronn-les-Bains | Ostern–Sept., stark variierende Zeiten, Juli/Aug. tgl. 10–18 Uhr | 19,50 Euro, Kinder 18,50 Euro | www.didiland.fr*

INSIDER TIPP **TIERPARK SAINTE-CROIX** (126 B5) (*🗺 A4*)
Der Park Sainte-Croix in Rhodes in der Nähe von Sarrebourg hat nicht nur einen Streichelzoo und einen kleinen Bauernhof, sondern auch viele Wildtiere in sehr großen Freigehegen: Hier leben Wölfe, Bären und Hirsche. Auch ein Hochseilgarten ist in der Nähe. *Route de Rhodes | Juli/Aug. tgl. 10–19, Ostern–Juni und Sept.–Mitte Nov. 10–18 Uhr | 25,50 Euro, Kinder bis 11 Jahre 16,50 Euro | www.parcsaintecroix.com*

STRASSBURG

INSIDER TIPP ORANGERIE
(U F1–2) (*f1–2*)

Straßburgs größter Park hat Platz für vieles: flanieren, Eis schlecken, joggen, Tischtennis spielen, skaten, picknicken oder auf dem See rudern. Auf den Bäumen nisten und klappern Störche, im See schwimmen Schildkröten, die hier ausgesetzt wurden. *Avenue de l'Europe*

LE VAISSEAU (U F6) (*f6*)

Eine riesengroße Bauecke, ein Modell für Bewässerungen, ein Ameisenbau, ein Fernsehstudio, ein großes Außengelände zum Spielen und vieles mehr: Das Wissenschaftsmuseum für Kinder hat eine unglaubliche Vielfalt im Programm, welche die Kinder und ihre praktischen Fähigkeiten anspricht. Im Speisesaal darf auch das mitgebrachte Picknick verzehrt werden. *1 bis, Rue Philippe Dollinger | Di–So 10–18 Uhr | 8 Euro, Sa 6 Euro, Kinder 7 Euro, tgl. nach 16.30 Uhr 3 Euro | www.levaisseau.com*

COLMAR & WEINSTRASSE

BARFUSSPFAD AM LAC BLANC
(132 B2) (*B10*)

Ein Erlebnis, das hoffentlich nur sensorisch unter die Haut geht, bietet der 1,2 km lange Barfußpfad, der Füßen das echte Naturfeeling gibt. Der Weg führt über Sand, Kies, Steine, Holz, Rinde, Tannenzapfen ... *Mai/Juni und Sept. Mi, Sa und So 13–16, Juli/Aug. tgl. 10–17 Uhr | 6 Euro, Kinder 4,50 Euro | www.sentier-pieds-nus-lac-blanc.com*

CHÂTEAU HOHLANDSBOURG
(133 D3) (*C10*)

Renoviert und mit neuem Programm – Ritterspiele, Ausstellungen, Mittelalterbankett – strahlt die alte Habsburger Festung ins Rheintal. *April–Juni Di–So 10–18, Juli/Aug. tgl. 10–19, Sept. Di–Sa 13–18, So 10–18, Okt. Di–Sa 13–17, So 10–17 Uhr | 7–9 Euro, Kinder 4,50–6,50 Euro, unter 6 Jahren frei | www.chateau-hohlandsbourg.com*

INSIDER TIPP ESELWANDERUNGEN UND BESUCHERBAUERNHOF
(132 B4) (*B11*)

Der Bauernhof von Françoise Marchand und Richard Martin bei Metzeral im Münstertal ist schon längst ein Institution. Hatte man früher einen Esel, so sind es heute 14, dazu noch drei Maultiere, die für Tagestouren zu Bergseen und Gipfeln, aber auch für längere Wanderungen bis zu 14 Tagen vermietet werden. Die *ferme* mit ihren Hühnern, Gänsen und Hasen versteht sich auch als pädagogischer Bauernhof, der jeden Mittwochvormittag Kindern das Leben auf dem Hof näherbringt. *Ferme du Pfeifferberg | Eichwaeldle | Tel. 03 89 77 71 58 | pfeifferberg.free.fr | ½ Tag 37 Euro/ 1 Tag 48 Euro*

FERME DES TUILERIES
(131 E–F5) (*F8*)

Ein Baggersee, fünf Rutschen und 130 m Sandstrand: Die Ferme des Tuileries in Rhinau ist zwar ein Campingplatz, kann aber auch als Badesee genutzt werden – mit Spielplatz, Boule, Fitnessanlage, Duschen und Wickeltisch. Abends kommt der Patron mit seinem Wägelchen auf den Platz und verkauft Apfelsaft frisch aus der Presse! *Übernachtung 4,20 Euro, Kinder bis 7 Jahre 2,20 Euro | www.fermedestuileries.com*

HAUT-KŒNIGSBOURG
(133 D1) (*D9*)

Hier gibt es Ritterrüstungen, Schwerter, Kanonen und einen Drachen. Zu Recht gilt die Hohkönigsburg als die schönste im Rheintal. Zur Ritterburg gesellen sich noch eine Greifvogelwarte und der Affenberg. Näheres s. S. 72.

MUR PAÏEN (130 C4) (*🕮 D7*)

Ob es sich um eine keltische Kultstätte oder eine Fluchtburg vor den Germanen handelt, ist bis heute ungeklärt. Die sogenannte Heidenmauer führt 8 km lang um den Mont Sainte-Odile herum und hat etliche schöne Stellen zum Klettern, Versteckspielen und fürs Picknick und eignet sich daher besonders gut für eine Wanderung mit Kindern. Zwei Stunden reine Gehzeit sollten Sie mindestens einplanen. *www.mont-sainte-odile.fr*

STORCHENZENTRUM HUNAWIHR (133 D2) (*🕮 C9*)

Der elsässische Feldhamster wäre schon längst ausgestorben, wenn es Plätze wie das Centre de Réintroduction in Hunawihr nicht gäbe, die Aufzuchtstation für Störche, Hamster und andere Tiere. Jeden Nachmittag Fütterung sowie weitere Animationen und Angebote. *Route des Vins | stark gestaffelte Zeiten, Kernzeit Ostern–Juni und Sept./Okt. tgl. 10.30–17.30, Juli/Aug. 10–18.30 Uhr | 10 Euro, Kinder 13–18 Jahre 9 Euro, 5–12 Jahre 7 Euro | www.cigogne-loutre.com*

MULHOUSE & DER SÜDEN

ÉLECTROPOLIS (135 D2) (*🕮 C13*)

Nicht nur anschauen, sondern auch selbst experimentieren! Das Elektrizitätsmuseum in Mulhouse erklärt die Geschichte des elektrischen Stroms von der Antike bis heute. Das Herzstück des Museums ist das immer noch funktionstüchtige, 170 t schwere Stromaggregat „Sulzer-BBC" aus dem Jahr 1901. Wenn den Besuchern am Schluss die Haare zu Berg stehen, dann liegt das an einem physikalischen Phänomen. *55, Rue du Pâturage | Mitte Feb.–Mitte Jan. Di–So 10–17 (April–Okt. bis 18) Uhr | 8 Euro, Kinder 4 Euro | www.musees-mulhouse.fr*

Das Électropolis in Mulhouse lässt auch dem Coolsten die Haare zu Berge stehen

EVENTS, FESTE & MEHR

EVENTS & NEWS
→ S. 2/3

FESTE & VERANSTALTUNGEN

MAI

Ökomesse in Rouffach: Apfelsaft oder Cidre, Wurst oder Käse, Bier oder Wein? Wie vielfältig die Elsässer Bioszene ist, zeigt diese appetitliche Leistungsschau.

Ateliers Ouverts: An zwei Wochenenden öffnen die Künstler und Kunsthandwerker des Elsass ihre Ateliers. Spannend!

Das Wasserfest **Fête de l'Eau** am Monatsende in Wattwiller beweist, dass es im Elsass auch ohne Rebensaft geht.

JUNI

In ganz Frankreich Gratiskonzerte in allen größeren Städten anlässlich der **Fête de la Musique** am 21. Juni

Rund um die Sommersonnenwende am 21. entzünden viele Gemeinden ein Johannisfeuer: **Feu de la Saint Jean**

Jazz vom Feinsten erklingt in Wolfisheim bei Straßburg beim **Wolfi Jazz.**

Ende des Monats rollen beim **Festival Automobile** in Mulhouse Bugatti & Co. über die Straße.

JULI

Anfang Juli pilgert das Elsass der Klassikliebhaber zum **Festival International de Musique Classique** nach Colmar oder Ende Juni/Anfang Juli nach Straßburg zum Klassik-Openair-Festival **Symphonie des Arts** am Rheinufer.

Seebach begeht in der Monatsmitte die **Streisselhochzeit:** Hier lässt man „die gute alte Zeit" als Volksfest aufleben.

Mitte Juli hat das Elsass mit dem **Décibulles Festival** *(www.decibulles.com)* sein Woodstock im Tal von Villé.

Am Ende des Monats „regiert" Jamaika in Sélestat beim **Summer Vibration Reggae Festival.**

AUGUST

Anfang des Monats hört Schiltigheim Blasmusik beim Bierfest **Fête de la Bière.**

Die Weinmesse **Foire aux Vins Colmar** Anfang des Monats gilt zugleich als (preiswertes) Musikfestival von Rock bis Chanson.

Corso Fleuri, Blumenkorso, am zweiten Wochenende in Sélestat.

Idyllisch ist das **Jazzfestival Au Grès du Jazz** in La Petite-Pierre.

Am dritten Sonntag findet in Wasselonne ein riesiger INSIDER TIPP **Marché aux Puces** (Flohmarkt) statt.

ENDE AUGUST/ANFANG SEPTEMBER

Beim **Festival de Musique** spielt die klassische Musik in Wissembourg und die

Weinmessen und Weihnachtsmärkte, Bierfest und Ökomessen: Auch beim Feiern stehen leibliche Genüsse obenan

elektronische beim ***Longevity Festival*** (mit Street-Art!) in Straßburg am Rheinufer. Haguenau ist stolz auf sein Hopfenfest ***Festival du Houblon*** mit Folklore und Musik aus aller Welt.

SEPTEMBER

Beim Mittelalterfest ★ ***Pfifferdaj (Fête des Ménétriers)*** am ersten Wochenende füllt sich Ribeauvillé mit Spielleuten, Akrobaten, Gauklern und Tausenden Gästen.
Im ganzen Elsass ***Festival Voix & Route Romane,*** eine Entdeckungsreise ins Mittelalter und zur alten Musik
Obernai wird mit der Öko-Landwirtschaftsmesse ***BiObernai*** zum Biomekka.
Am Monatsende feiert sich das Elsass in Krautergersheim als Sauerkrautnation. Blasmusik, Umzug und natürlich *choucroute* auf dem Teller gehören zur ● ***Foire de la Choucroute.***

NOVEMBER

Straßburg wird Kunststadt mit der Messe ***St'Art.***
Im ganzen Elsass bringt das ***Festival Augenblick*** *(festival-augenblick.fr)* deutschsprachige Filme in die Kinos.

DEZEMBER

In Colmar und Straßburg finden gleich mehrere ***Weihnachtsmärkte*** statt, aber auch die kleinen in Eguisheim, Kaysersberg und Wissembourg haben Charme.

FEIERTAGE

1. Jan.	Neujahr
März/April	Karfreitag, Ostermontag
1. Mai	Tag der Arbeit
8. Mai	Waffenstillstand 1945
Mai/Juni	Christi Himmelfahrt, Pfingstmontag
14. Juli	Nationalfeiertag
15. Aug.	Mariä Himmelfahrt
1. Nov.	Allerheiligen
11. Nov.	Waffenstillstand 1918
25./26. Dez.	Weihnachten

LINKS, BLOGS, APPS & CO.

LINKS & BLOGS

www.chateauxfortsalsace.com Wo sind die Burgen im Elsass? Auf dieser Vereinsseite sind sie aufgelistet, mit Wandertipps, Hinweisen zum Geocaching und mehr. Auch auf Facebook aktiv

www.instagram.com/tomiungerer Der elsässische Ausnahmekünstler gibt Lebenszeichen aus Irland und anderswo

www.olcalsace.org Das umtriebige Straßburger Sprochàmt ist selbstverständlich ebenfalls *en ligne* und bietet dort u. a. Lexika im PDF-Format zu Themen wie Fußball, Wein oder *Kommissione màche* – also einkaufen

hommedefer.wordpress.com Der stets lesenswerte Blog von MARCO POLO Autor Pascal Cames zeigt gern auch einmal ungewohnte Facetten des Elsass

short.travel/els7 Street-Art: Miss Kinky ist omnipräsent, im Internet und in Straßburgs Straßen

www.michelewagner.eu Die in Bischwiller lebendende Künstlerin macht mit dem Cutter filigrane Papierkunst

www.marcopolo.de/elsass Ihr Online-Reiseführer mit allen wichtigen Informationen, Highlights und Tipps, interaktivem Routenplaner, spannenden News und Reportagen sowie inspirierenden Fotogalerien

rockthebretzel.com Der abwechslungsreiche Foodblog von Miss Bretzel glänzt mit Rezepten und Fotos. Appetitlich!

martin-graff.eu Der elsässische Grenzgänger und Gedankenschmuggler erklärt die Welt

arbres-remarquables.bas-rhin.fr Ganz im Trend („Walden") zeigt das Departement seine schönsten Bäume im Internet

Egal, ob für Ihre Reisevorbereitung oder vor Ort: Diese Adressen bereichern Ihren Urlaub. Da manche sehr lang sind, führt Sie der short.travel-Code direkt auf die beschriebenen Websites. Falls bei der Eingabe der Codes eine Fehlermeldung erscheint, könnte das an Ihren Einstellungen zum anonymen Surfen liegen

www.martineschnoering.com Auf ihrem Blog lässt Martine Schnoering alle Welt an ihren Abenteuern in den Vogesen und anderswo in den Bergen teilnehmen

www.vinsalsace.com Ein Blick in die Reben und Weinkeller. Das ganze Elsass wird hier eingeschenkt

www.twitter.com/gillespudlowski Lassen Sie sich vom Elsässer Küchenpapst zwitschern, wo es ihm zuletzt geschmeckt hat

www.facebook.com/Alsace.a.Paris Welcher Elsässer rockt gerade Paris und was ist in der Heimat los? Sehr aktuelle, informative und oft toll bebilderte Facebooksite

APPS

StrasMap Staumeldungen, Fahrradverleih, Routenplaner, Adressenfinder und vielerlei Nützliches mehr bringt diese App der Stadt Straßburg aufs Smartphone, egal ob im Android- oder im I-Phone-Format

Radio Dreyeckland Kochrezepte und Radarwarnungen, Witze im Dialekt und Schlager, Chansons und Evergreens bietet diese App des gleichnamigen Radiosenders aus dem Dreiländereck

iYo Das Elsässische Sprochàmt in Straßburg hat diese Dialekt-App entwickeln lassen. Lernen Sie flotte Sprüche wie *s'isch total bombisch* („Es ist toll") oder *i han en am Buckel* („ich bin betrunken")! Im Elsass wurde die App schon tausendfach aufs Handy geladenj

VIDEOS & MUSIK

short.travel/els2 Website, die von elsässischen Kletterfreaks mit Filmen über ihre Abenteuer im Elsass bestückt wird

www.strastv.com Immer aktuell berichtet Strasbourg TV auf Französisch über Politik, Kultur und Sport aus Straßburg und dem Elsass

short.travel/els3 Auf der Website des Fernsehsenders France 3 finden sich viele Filme und Berichte rund um das Elsass, zum Teil auch auf Elsässerdeutsch

PRAKTISCHE HINWEISE

ANREISE

Für Straßburg bieten sich die Grenzübergänge Kehl (A 5, Ausfahrt Appenweier) sowie etwas weiter südlich über den Pont Pflimlin (A 5, Ausfahrt Offenburg) an, für Mulhouse der Autobahnanschluss über das Autobahndreieck Neuenburg. Kleinere Grenzübergänge sind die Fähren Kappel–Rhinau und Greffern–Drusenheim sowie bei Lauterbourg auf die französische A 35. Wissembourg erreicht man auch über die A 65 (Landau) und B 38 (Bad Bergzabern), das Nordwestelsass auch über die A 6 bei Saarbrücken.

Straßburg ist der zentrale Bahnhof für Züge aus Deutschland, die via Offenburg fahren. Von dort verkehrt auch die Ortenau-S-Bahn *(www.ortenau-s-bahn.de)* nach Straßburg. Wissembourg ist durch den Verkehrsverbund Rhein-Neckar und den Karlsruher Verkehrsverbund ans deutsche Bahnnetz angeschlossen. Mulhouse und Colmar sind nur über Straßburg bzw. Basel zu erreichen. *www.bahn.de, www.tgv-europe.de*

Straßburgs ZOB an der Place d'Étoile ist ans deutsche und Schweizer Fernbusnetz angeschlossen und wird von vielen Städten angesteuert. Auch Obernai, Colmar und Mulhouse sind mit dem Bus von Deutschland zu erreichen.

Der Straßburger Flughafen Entzheim *(www.strasbourg.aeroport.fr)* wird aus Deutschland nicht angeflogen. Zum Euro-Airport Basel-Mulhouse-Freiburg *(www.euroairport.com)* bestehen Flüge von mehreren deutschen Städten. Eine Alternative ist der Flughafen Karlsruhe/Baden-Baden *(www.baden-airpark.de)*. Von hier verkehrt eine Buslinie zu umliegenden Bahnhöfen sowie abends ein Shuttledienst *(alsace-navette.com)* nach Straßburg.

GRÜN & FAIR REISEN

Auf Reisen können auch Sie viel bewirken. Behalten Sie nicht nur die CO_2-Bilanz für Hin- und Rückreise im Hinterkopf *(www.atmosfair.de; de.myclimate.org)* – etwa indem Sie Ihre Route umweltgerecht planen *(www.routerank.com)* – , sondern achten Sie auch Natur und Kultur im Reiseland *(www.gate-tourismus.de; www.ecotrans.de)*. Gerade als Tourist ist es wichtig, auf Aspekte wie Naturschutz *(www.nabu.de; www.wwf.de)*, regionale Produkte, wenig Autofahren, Wassersparen und vieles mehr zu achten. Wenn Sie mehr über ökologischen Tourismus erfahren wollen: europaweit *www.oete.de*; weltweit *www.germanwatch.org*

AUSKUNFT

ATOUT FRANCE – FRANZÖSISCHE ZENTRALE FÜR TOURISMUS

Atout France stellt seinen telefonischen Auskunftsdienst ein, beantwortet aber noch Fragen via E-Mail *(info.de@atout-france.fr)*. Weitere Informationen auf *www.france.fr* und *www.atout-france.fr.*

ALSACE DESTINATION TOURISME

4, Rue Bartisch | 67100 Strasbourg | Tel. 03 88 15 45 88; 1, Rue Schlumberger |

68006 Colmar Cedex | Tel. 03 89 20 10 68 | www.alsace-destination-tourisme.com

WEBSITES

Im Internet informiert *www.gites-de-france-alsace.com* über Ferienwohnungen und *www.chefs-alsace.fr* über feine Restaurants. Infos zu Hotels, Ferienwohnungen und allem, was sonst noch touristisch gefragt ist, versammelt *www.frankreich-info.de.*

AUTO

Auf französischen Autobahnen gilt ein Tempolimit von 130 (bei Regen 110) km/h, auf Landstraßen 80, teilweise 110, in Ortschaften 50 km/h. Die Promillegrenze liegt bei 0,5. Den Pannendienst Alsace Dépannage *(www.alsace-depannage.fr)* erreichen Sie über *Tel. 03 89 31 00 00* und *03 89 67 50 50.* Der größte Teil der Autobahnen im Elsass ist anders als im übrigen Frankreich mautfrei. Viele Höhen- und Kammstraßen sind im Winter und Frühjahr gesperrt.

Großstädte haben Parkhäuser und Park-&-Ride-Plätze, mittelgroße Städte wie Sélestat auch zentrale Gratisparkplätze. Faustregel: Je näher Sie am Zentrum parken, desto teurer wird es. Städte wie Straßburg vermitteln dies über Farbsymbolik: Grün ist ein günstiger Parkplatz, gelb schon etwas teurer und rot markiert wird Parken zum Luxus. Über Mittag sind Parkplätze meistens gratis. Parkuhren akzeptieren auch Kreditkarten.

Um in die Innenstadt von Straßburg fahren zu dürfen, benötigen Sie eine Umweltvignette, sobald die Schadstoffwerte erhöht sind. Die Vignette kostet 4,80 Euro ist nur online erhältlich *(www.certificat-air.gouv.fr).* Dafür sollte man seine Zulassungsbescheinigung als Datei vorliegen haben; rechnen Sie mit ca. zwei Wochen Bearbeitungszeit. Die Vignette gilt auch in anderen Städten Frankreichs mit dem „Crit-Air"-System.

WAS KOSTET WIE VIEL?

Kaffee	1,50–2 Euro	*für eine Tasse Espresso*
Bootsfahrt	um 10 Euro	*für eine 45-minütige Rundfahrt in Straßburg*
Wein	3–8 Euro	*für 0,25 l Riesling*
Souvenir	ab 10 Euro	*für typische Töpferwaren aus Steingut*
Imbiss	3–5 Euro	*für ein Baguette-Sandwich*
Benzin	um 1,40–1,50 Euro	*für 1 l Super 95*

DIPLOMATISCHE VERTRETUNGEN

DEUTSCHES KONSULAT

6, Quai Mullenheim | Straßburg | Tel. 03 88 24 67 00 | www.strassburg.diplo.de

ÖSTERREICHISCHES KONSULAT

29, Avenue de la Paix | Straßburg | Tel. 03 88 35 13 94 | www.bmeia.gv.at

SCHWEIZER KONSULAT

23, Rue Herder | Straßburg | Tel. 03 88 35 00 70 |www.eda.admin.ch/strasbourg

GELD & KREDITKARTEN

Sehr verbreitet sind Kreditkarten, die in Frankreich auch schon für Kleinstbeträge benutzt werden. Geldautomaten sind flächendeckend vorhanden. Im Südelsass werden oft auch Schweizer Franken akzeptiert.

GESUNDHEIT

Mit der Europäischen Krankenversicherungskarte EHIC ist die Behandlung gratis oder Ärzte und Krankenhäuser stellen eine Rechnung aus, die deutsche Krankenkassen im Rahmen der in Deutschland üblichen – meist niedrigeren – Sätze erstatten.

INTERNETZUGANG & WLAN

Das Office de Tourisme in Colmar bietet eine Stunde freies Surfen in seinen Räumen an, in Straßburg gibt es für die ganze Stadt die App *WiFi-Space (wifispc.com)*. In vielen Mediatheken, Fastfoodketten, Cafés, Hotels und *gîtes* ist *wifi* gratis. Bei traditionellen Wirtschaften und auf den Hochvogesen gibt es aber noch große Lücken.

KLIMA & REISEZEIT

Vom regenreicheren Sundgau abgesehen, gehört das im Windschatten der Vogesen gelegene Elsass zu den trockensten Regionen Frankreichs. Frühling und Herbst sind mild, während der Sommer in der Rheinebene manchmal sehr heiß und schwül wird. In den Vogesen ist es natürlich kühler, dort gibt es auch schnelle Wetterwechsel und Gewitter. Inversionswetterlagen sorgen im Herbst und Winter häufig für Sonne auf der Höhe und Nebel in der Ebene. *france.meteofrance.com*

WETTER IN STRASSBURG

	Jan.	Feb.	März	April	Mai	Juni	Juli	Aug.	Sept.	Okt.	Nov.	Dez.
Tagestemperaturen in °C	3	5	11	16	20	23	25	24	21	14	8	4
Nachttemperaturen in °C	-2	-2	1	5	8	12	13	13	10	6	2	-1
Sonnenschein Stunden/Tag	2	2	5	6	7	7	7	7	6	4	2	1
Niederschlag Tage/Monat	15	13	12	13	13	14	14	13	12	12	13	14

 Sonnenschein Stunden/Tag · Niederschlag Tage/Monat

MIETWAGEN

Ein Preisvergleich lohnt sich, da sich die Verleiher mit Wochenend-, Mehrtages- und Bahn-Kombi-Angeboten Konkurrenz machen. Je nach Saison müssen Sie für einen Mittelklassewagen um 100 Euro pro Tag rechnen.

MUSEUMSPÄSSE

In rund 320 Museen im ganzen Elsass, in weiten Teilen Baden-Württembergs, in der Pfalz und der nordwestlichen Schweiz erhalten Sie mit dem oberrheinischen Museumspass *(108 Euro/Jahr | www.museumspass.com)* freien Eintritt. Günstig in Straßburgs Museen kommen Sie mit dem in den Museen erhältlichen Strasbourg Pass *(21,50 Euro/3 Tage)*.

NOTRUF

Notarzt: *Tel. 15;* Polizei: *Tel. 17;* Feuerwehr: *Tel. 18*

ÖFFENTLICHE VERKEHRSMITTEL

Der Schienenregionalverkehr TER *(www.ter.sncf.com)* ist nicht nur gut ausgebaut, sondern transportiert auch Räder. Infos zu Strecken, Fahrzeiten, Tickets und preiswerten Angeboten wie z. B. dem 24-Stunden-Ticket ALSA+ finden Sie auf *www.vialsace.eu, www.sncf.com* und *www.tgv-europe.de.* Die zentrale Auskunftsnummer der Bahn fürs Elsass ist *Tel. (*) 08 92 35 35 35*.

ÖFFNUNGSZEITEN

Etliche Geschäfte haben montagvormittags und sonst über Mittag geschlossen. Supermärkte sind meist durchgehend bis 20 Uhr geöffnet.

POST

Das Porto für einen Standardbrief bzw. eine Postkarte in die EU oder die Schweiz betrug bei Redaktionsschluss 1,10 Euro.

TELEFON & HANDY

Wer ohne Handy ist, findet noch einige wenige öffentliche Telefone, Telefonkarten *(7,50 Euro)* gibt es bei der Post und in Tabakgeschäften. Vorwahlen: Frankreich *0033,* Deutschland *0049,* Österreich *0043,* Schweiz *0041.* Innerhalb Frankreichs gibt es keine Vorwahlen, bei Anrufen aus dem Ausland müssen Sie aber die Null am Beginn der zehnstelligen Nummer weglassen.

TRINKGELD

Üblich ist ein Trinkgeld in Höhe von fünf bis zehn Prozent – natürlich nur, wenn Sie mit dem Service zufrieden waren.

UNTERKUNFT

Für Frankreich typisch ist das große Angebot an Campingplätzen *(www.tourisme-alsace.com/fr/campings, www.campingfrance.com).* Günstige Hotelalternativen sind *gîtes ruraux* genannte Ferienwohnungen und -häuser *(www.gites-de-france-alsace.com)* und *chambres d'hôtes* (Gästezimmer). Jugendherbergen gibt es in Colmar, Lautenbach, Saverne und Straßburg *(www.fuaj.org)* sowie in Mulhouse *(www.aubergejeunesse-mulhouse.com).*

ZOLL

In der EU darf man Waren zum privaten Gebrauch unbeschränkt ein- und ausführen. Richtwerte hierfür sind u. a. 800 Zigaretten und 10 l Spirituosen. Die Schweiz erlaubt 5 l Wein, 1 l Spirituosen und 250 Zigaretten.

SPRACHFÜHRER FRANZÖSISCH

AUSSPRACHE

Zur Erleichterung der Aussprache sind alle französischen Wörter mit einer einfachen Aussprache in eckigen Klammern versehen.

AUF EINEN BLICK

ja/nein/vielleicht	oui [ui]/non [nong]/peut-être [pöhtätr]
bitte/danke	s'il vous plaît [ßil wu plä]/merci [märßih]
Gute(n)/Morgen!/Tag!/ Abend!/Nacht!	Bonjour! [bongschuhr]/Bonjour! [bongschuhr]/ Bonsoir! [bongßoar]/Bonne nuit! [bonn nüi]
Hallo!/Auf Wiedersehen!/ Tschüss!	Salut! [ßalü]/Au revoir! [o rövoar]/Salut! [ßalü]
Entschuldigung!	Pardon! [pardong]
Ich heiße ...	Je m'appelle ... [schö mapäll ...]
Ich komme aus ...	Je suis de ... [schö süi dö ...]
Darf ich ...?	Puis-je ...? [püi schö ...]
Wie bitte?	Comment? [kommang]
Ich möchte .../Haben Sie?	Je voudrais ... [schö wudrä]/Avez-vous? [aweh wu]
Wie viel kostet ...?	Combien coûte ...? [kombjäng kuht ...?]
Das gefällt mir (nicht).	Ça (ne) me plaît (pas). [ßa (nö) mö plä (pa)]
gut/schlecht/kaputt	bon [bong]/mauvais [mowä]/cassé [kaßeh]
zu viel/viel/wenig	trop [troh]/beaucoup [bokuh]/peu [pöh]
alles/nichts	tout [tuh]/rien [riäng]
Hilfe!/Achtung!	Au secours! [o ßökuhr]/Attention! [attangßjong]
Polizei/Feuerwehr/ Krankenwagen	police [poliß]/pompiers [pompieh]/ ambulance [ambülangß]

DATUMS- & ZEITANGABEN

Montag/Dienstag	lundi [längdi]/mardi [mardi]
Mittwoch/Donnerstag	mercredi [märcrödi]/jeudi [schödi]
Freitag/Samstag/ Sonntag	vendredi [vangdrödi]/samedi [ßamdi]/ dimanche [dimangsch]
Werktag/Feiertag	jour ouvrable [schur uwrabl]/jour férié [schur ferieh]
heute/morgen/gestern	aujourd'hui [oschurdüi] /demain[dömäng]/hier [jähr]
Stunde/Minute	heure [öhr]/minute [minüt]
Tag/Nacht/Woche	jour [schur]/nuit [nüi]/semaine [ßömän]
Monat/Jahr	mois [moa]/année [aneh]

Tu parles français?

„Sprichst du Französisch?" Dieser Sprachführer hilft Ihnen, die wichtigsten Wörter und Sätze auf Französisch zu sagen

Wie viel Uhr ist es?	Quelle heure est-t-il? [käl ör ät il]
Es ist drei Uhr.	Il est trois heures. [il ä troasör]
Es ist halb vier.	Il est trois heures et demi. [il ä troasör e dömi]
Viertel vor vier	quatre heures moins le quart [katrör moäng lö kar]
Viertel nach vier	quatre heures et quart [katrör e kar]

UNTERWEGS

offen/geschlossen	ouvert [uwär]/fermé [färmeh]
Eingang/Einfahrt	entrée [angtreh]
Ausgang/Ausfahrt	sortie [ßorti]
Abfahrt/Abflug/Ankunft	départ [depahr]/départ [depahr]/arrivée [arriweh]
Toiletten/Damen/Herren	toilettes [toalett]/femmes [famm]/hommes [omm]
(kein) Trinkwasser	eau (non) potable [o (nong) potabl]
Wo ist ...?/Wo sind ...?	Où est ...? [u ä ...]/Où sont ...? [u ßong ...]
links/rechts	à gauche [a gohsch]/à droite [a droat]
geradeaus/zurück	tout droit [tu droa]/en arrière [ong arriähr]
nah/weit	près [prä]/loin [loäng]
Bus/Straßenbahn/ U-Bahn/Taxi	bus [büß]/tramway [tramwäi]/métro [mehtro]/taxi [takßi]
Haltestelle/Taxistand	arrêt [arrä]/station de taxi [ßtaßjong dö takßi]
Parkplatz/Parkhaus	parking [parking]
Stadtplan/[Land-]Karte	plan de ville [plang dö vil]/carte routière [kart rutjähr]
Bahnhof/Hafen/Flughafen	gare [gahr]/port [pohr]/aéroport [aeropohr]
Fahrplan/Fahrschein	horaire [orär]/billet [bije]
einfach/hin und zurück	aller simple [aleh ßämpl]/aller-retour [aleh rötuhr]
Zug/Gleis/Bahnsteig	train [träng]/voie [woa]/quai [käh]
Ich möchte ... mieten.	Je voudrais louer ... [schö wudräh lueh ...]
ein Auto/ein Fahrrad/ ein Boot	une voiture [ün woatür]/un vélo [äng weloh]/ un bateau [äng batoh]
Tankstelle	station d'essence [ßtaßjong deßangß]
Benzin/Diesel	essence [eßangß]/diesel [diesäl]
Panne/Werkstatt	panne [pann]/garage [garahsch]

ESSEN & TRINKEN

Die Speisekarte, bitte.	La carte, s'il vous plaît. [la kart ßil wu plä]
Könnte ich bitte ... haben?	Puis-je avoir ... s'il vous plaît? [püischö awoar ... ßil wu plä]
Flasche/Karaffe/Glas	bouteille [buteij]/carafe [karaf]/verre [wär]
Messer/Gabel/Löffel	couteau [kutoh]/fourchette [furschät]/cuillère [küijär]
Salz/Pfeffer/Zucker	sel [ßäl]/poivre [poawr]/sucre [ßükr]

Essig/Öl	vinaigre [winägr]/huile [üil]
Milch/Sahne/Zitrone	lait [lä]/crème [kräm]/citron [ßitrong]
kalt/versalzen/nicht gar	froid [froa]/trop salé [tro ßaleh]/pas cuit [pa küi]
mit/ohne Eis/Kohlensäure	avec [awäk]/sans [ßang] glaçons/gaz [glaßong/gaß]
Vegetarier(in)	végétarien(ne) [weschetarijäng/weschetarijänn]
Ich möchte zahlen, bitte.	Je voudrais payer, s'il vous plaît. [schön wudrä pejeh, ßil wu plä]
Rechnung/Quittung	addition [adißjong]/reçu [rößü]

EINKAUFEN

Apotheke/Drogerie	pharmacie [farmaßi]/droguerie [drogöri]
Bäckerei/Markt	boulangerie [bulangschöri]/marché [marscheh]
Einkaufszentrum	centre commercial [ßangtre komerßial]
Kaufhaus	grand magasin [grang magasäng]
100 Gramm/1 Kilo	cent grammes [ßang gramm]/un kilo [äng kilo]
teuer/billig/Preis	cher [schär]/bon marché [bong marscheh]/prix [pri]
mehr/weniger	plus [plüß]/moins [moäng]
aus biologischem Anbau	de l'agriculture biologique [dö lagrikültür bioloschik]

ÜBERNACHTEN

Ich habe ein Zimmer reserviert.	J'ai réservé une chambre. [scheh reserweh ün schangbr]
Haben Sie noch ...?	Avez-vous encore ...? [aweh wusangkor ...]
Einzel-/Doppelzimmer	chambre simple/double [schangbr ßämplö/dublö]
Frühstück	petit déjeuner [pöti deschöneh]
Halbpension/Vollpension	demi-pension [dömi pangßjong]/pension complète [pangßjong kompläl]
Dusche/Bad	douche [dusch]/bain [bäng]
Balkon/Terrasse	balcon [balkong] /terrasse [teraß]
Schlüssel/Zimmerkarte	clé [kleh]/carte magnétique [kart manjetik]
Gepäck/Koffer/Tasche	bagages [bagahsch]/valise [walis]/sac [ßak]

BANKEN & GELD

Bank/Geldautomat/ Geheimzahl	banque [bangk]/guichet automatique [gischeh otomatik]/code [kodd]
bar/Kreditkarte	comptant [komtang]/carte de crédit [kart dö kredi]
Banknote/Münze	billet [bijeh]/monnaie [monä]

GESUNDHEIT

Arzt/Zahnarzt/Kinderarzt	médecin [medßäng]/dentiste [dangtißt]/pédiatre [pediatrö]
Krankenhaus/Notfallpraxis	hôpital [opital]/urgences [ürschangß]

Fieber/Schmerzen	fièvre [fiäwrö]/douleurs [dulör]
Durchfall/Übelkeit	diarrhée [diareh]/nausée [noseh]
Sonnenbrand	coup de soleil [ku dö ßolej]
entzündet/verletzt	enflammé [angflameh]/blessé [bleßeh]
Pflaster/Verband	pansement [pangßmang]/bandage [bangdahsch]
Salbe/Schmerzmittel	pommade [pomad]/analgésique [analschesik]

TELEKOMMUNIKATION & MEDIEN

Briefmarke	timbre [tämbrö]
Brief/Postkarte	lettre [lätrö]/carte postale [kart poßtal]
Ich brauche eine Telefonkarte fürs Festnetz.	J'ai besoin d'une carte téléphonique pour fixe. [scheh bösoäng dün kart telefonik pur fiekß]
Ich suche eine Prepaidkarte für mein Handy.	Je cherche une recharge pour mon portable. [schö schärsch ün röscharsch pur mong portablö]
Wo finde ich einen Internetzugang?	Où puis-je trouver un accès à internet? [u püische truweh äng akßä a internet]
wählen/Verbindung/besetzt	composer [komposeh]/connection [konekßiong]/occupé [oküpeh]
Steckdose/Ladegerät	prise électrique [pris elektrik]/chargeur [scharschör]
Computer/Batterie/Akku	ordinateur [ordinatör]/batterie [battri]/accumulateur [akümülatör]
At-Zeichen	arobase [arobaß]
Internet-/E-Mail-Adresse	adresse internet/mail [adräß internet/mejl]
Internetanschluss/WLAN	accès internet [akßä internet]/wi-fi [wifi]
E-Mail/Datei/ausdrucken	mail [mejl]/fichier [fischjeh]/imprimer [ämprimeh]

FREIZEIT, SPORT & STRAND

Strand	plage [plahsch]
Sonnenschirm/Liegestuhl	parasol [paraßol]/transat [trangßat]
Ebbe/Flut/Strömung	marée basse [mareh baß]/marée haute [mareh ot]/courant [kurang]
Seilbahn/Sessellift	téléphérique [teleferik]/télésiège [teleßiäsch]
Schutzhütte/Lawine	refuge [röfüsch]/avalanche [avalangsch]

ZAHLEN

0	zéro [sero]	8	huit [üit]
1	un, une [äng, ühn]	9	neuf [nöf]
2	deux [döh]	10	dix [diß]
3	trois [troa]	20	vingt [väng]
4	quatre [katr]	100	cent [ßang]
5	cinq [ßänk]	1000	mille [mil]
6	six [ßiß]	½	un[e] demi[e] [äng/ühn dömi]
7	sept [ßät]	¼	un quart [äng kar]

REISEATLAS

Verlauf der Erlebnistour „Perfekt im Überblick"
Verlauf der Erlebnistouren

Der Gesamtverlauf aller Touren ist auch in der herausnehmbaren Faltkarte eingetragen

 Bild: Burg in Kaysersberg

Unterwegs im Elsass

Die Seiteneinteilung für den Reiseatlas finden Sie auf dem hinteren Umschlag dieses Reiseführers

Hombourg
Freyming
Merlebach
Théding
Cadenbronn
Rouhling
Sitters-wald
Rilchingen
Hanweiler
Folpers-viller
Betting
Bening
Ebring
Tenteling
Nousseviller-St Nabor
Sarreguemines
Guenviller
Farébersviller
Diebling
Hundling
Macheren
Seingbouse
Farébersviller
Farsch-viller
Metzing
Welfer-Ippling
Petit-Ebersviller
Henriville
Marienthal
Lachambre
Loupershouse
Guebenhouse
Woustviller
Rémelfing
Sarreinsming
Holbach
Cappel
Barst
Ellviller
Ernestviller
Roth
Neufgrange
Zetting
Diedling
Biding
Valette
Hoste-Haut
Bas
Hambach
Sarreguemines
Siltzheim
Vahl-Ebersing
Maxstadt
Dieffenbach-lès-Puttelange
Puttelange aux-Lacs
Heckenrans-bach
Grundviller
Laning
Leyviller
St-Jean-Rohrbach
Rémering-lès-Puttelange
Schottenhof
Richeling
Lixing-lès-St-Avold
Altrippe
Frémestroff
Hilsprich
Castviller
Bettring
Willerwald
Herbitzheim
Freybouse
Hellimer
Diffembach-lès-Hellimer
Morsbronn
Hirbach
Holving
Hinsing
Sarralbe
Oermingen
Petit-Tenquin
Zellen
Steinbach
Überkinger
Eich
Rech
le Val-de-Guéblange
Luterbach
Erstroff
Grèning
Petit-Rohrbach
Ventz-viller
Keskastel
Linstroff
Francaltroff
Nelling
Kappelkinger
Hazembourg
Keskastel
Obrick
Léning
Albe
Insming
Hinsingen
Vœllerdingen
Réning
Vittersbourg
Kirviller
Schopperten
Bissert
Virming
Neufvillage
Honskirch
Rode
Sarre-Union
Besville
Albestroff
Harskirchen
Altwiller
Rimsdorf
Vahl-lès-Bénestroff
Montdidier
Givrycourt
Sarrewerden
Zollingen
Munster
Vibersviller
Nébing
Torcheville
Neuweyerhof
Étang Rouge
Sarre-Union
Burbach
Bénestroff
Bischtroff-s.-Sarre
Marimont-Bénestroff
Lhor
Insviller
Autoroute de l'Est
Molring
Guinzeling
Étang du Moulin
Canal des Houillères
Diedendorf
Bourgaltroff
Bassing
Long Étang
Niederstinzel
Sarre
Wolfskirchen
Domnon-lès-Dieuze
Lostroff
Mittersheim
Eschwiller
Guébling
Cutting
Loudrefing
Fénétrange
Postroff
Baerendorf
Bidestroff
Vergaville
Rohrbach-lès-Dieuze
Ft de Fénétrange
Grand Étang de Mittersheim
Hirschland
Zommange
Berthelming
Romelfing
Kirrberg
Rauwiller
Haute-Lindre-Basse
Angviller
Étang de Nolweiher
Belles-Forêts
Hellering-lès-Fénétrange
Étang de Lindre
St-Jean-de-Bassel
Bettborn
Oberstinzel
Gœrlingen
Guermange
Park
Gosselming
Tarquimpol
Desseling
TGV Est
Sarreck
Sarraltroff
Vieux-Lixheim
Naturel
Dolving
Alteville
Assenoncourt
Fribourg
Haut-Clocher
Sarrewald
Villa Gallo-romaine
Hilbesheim
Étang de Videlange
Régional
Rhodes
Langatte
Couv. St-Ulrich
Réding
Boule
Étang du Stock
Azoudange
Languimberg
Kerpich-aux-Bois
Sarrebourg
Diane-Capelle
de
Étang de Gondrexange
Maizières-lès-Vic
Romécourt
Houillons
Imling
Buhl-Lorraine
Niderviller
Lorraine
Hellocourt
Étang du Mouli
Haut Ghor
Huberville
Barchain
Bébing
Schneckenbusch
Brouderdorff
Étang de Réhicourt
Heming
Hertzing
Xouaxange
Hesse
Bataville
Neufmoulins
Plaine-de-Walsch
5 km
3.11 mi
Gondrexange
Hermelange
Moussey
Landange
Nitting
Rechicourt-le-Château
St-Georges
Lorquin
Hartzviller
St-Hubert
Biberkirch
Troisfontaines
Avricourt (Moselle)
Avricourt (Meurthe et Moselle)
Aspach
Voyer
la Valette
Ibigny
Fraquelfing
Laneuveville-lès-Lorquin
Igney
Foulcrey
Richeval
Niderhoff
Abreschviller

DEUTSCHLD.
D
E
F
DEUTSCH-
LAND
Europ. Kultur-park
Obergailbach
Bliesbruck
Erching
Epping
Volmunster
Utweiler
Ormersviller
Breidenbach
Olsberg
Lengelsheim
Weiskirch
Bousseviller
Hanviller
Liederschiedt
Schweix
Hilst
Eppenbrunn
Guiderkirch
Dollenbach
Nousseviller-lès-Bitche
Roppeviller
Altschlossfelsen
Rimling
Urbach
Parc
Haspelschiedt
Wœlfling-lès-Sarreguemines
Bettviller
Hottviller
Kleinmühle
Schorbach
Guising
Hœlling
Gros-Réderching
Petit-Réderching
Holbach
Quartier Pagezy
Mais. For. Erlenmoos
Singling
Bitche
Ft. de Sturzelbronn
Mon. Fre.
Biesenberg
Erbsenthal
Bining
Rohrbach-lès-Bitche
Meyerhof
Siersthal
Reyersviller
Lambach
Etting
Ft. de
Eguelshardt
Erbsenberg
Naturel
Châtt.de.Waldeck
Guisberg
Enchenberg
Circuit Touristique Franco-Allemand
Janau
Ft. de Lemberg
Metschbruch
Lemberg
Mouterhouse
Régional
Châtt.de Falkenstein
Rahling
Montbronn
St-Louis-lès-Bitche (Münzthal)
Altschmelz
Neuschmelz
Rochers du Ramstein
Philippsbourg
57 Moselle
67 Bas-Rhin
Goetzenbruck
Mouterhouse
Baerenthal
Butten
Schiesthal
Melch
Ft. de Hanau
Ratzwiller
Meisenthal
Althorn
Ober-muhlthal
Unter-
Lorentzen
Volksberg
Soucht
des Vosges
Diemeringen
Rosteig
Wildenguth
Reipertswiller
Waldhambach
Circuit des Vosges du Nord
Wingen-s-Moder
Weislingen
Lichtenberg
Offwiller
Frohmuhl
Puberg
Wimmenau
Rothbach
Hinsbourg
Adamswiller
Tieffenbach
Zittersheim
Circuit Tour. Franco-Allemand
Bischholtz
Durstel
Struth
du Nord
Moder
Mulhausen
Bettwiller
N
C
E
Sparsbach
Ingwiller
Schillersdorf
Asswiller
Drulingen
Petersbach
Erckartswiller
Weinbourg
Nieffern
Menchhoffen
-Zutzendorf
Ottwiller
Lohr
la Petite-Pierre
Weitersviller
Ober-
Nieder-
-soultzbach
Obermodern-
Uttwiller
Siewiller
Schœnbourg
Huneburg
Chât.de Herrenstein
Schalkendorf
Bust
Neuwiller-lès-Saverne
Bouxwiller
Buswiller
Schalbach
Graufthal
Griesbach-le-Bastberg
Kirrwiller
Metting
Eschbourg
Dossenheim-s.-Zinsel
Riedheim
Ringendf.
Hangviller
Zinsel
Pfalzweyer
Imbsheim
Bosselshsn.
Issenhausen
Vescheim
Hattmatt
Geiswiller
Lixhsn.
Wintersbourg
Phalsbourg
Berling
Buechelberg
Ernolsheim-lès-Saverne
Printzheim
Zœbersdorf
Bossendf.
Vilsberg
Bonne-Fontaine
Saverne
Wickersheim
Wilshausen
Mittelbronn
Zilling
Sav.-Eckartswiller
Steinbourg
Gottesheim
Bourscheid
St-Jean-Saverne
Rosenwiller
Scherlenheim
Phalsbourg
Danne-et-Quatre-Vents
Sav.-Monswiller
Dettwiller
Ottersthal
Monswiller
Melsheim
Dannelbourg
Trois-Maisons
Zornhoff
Wilwisheim
Lutzelbourg
Saverne
Canal de la Marne
Henridorff
Plan incliné
Chât. Rohan
Lupstein
Ingenheim
Waldolwisheim
Schaffhouse-sur-Zorn
Haut Barr
Otterswiller
Furchhsn.
Littenheim
Gottenhouse
Altenheim
Dunzenheim
St-Louis
Hultehouse
Haegen
Schwenheim
Ft de
Wolschheim
Saessolsheim
Guntzviller
Garrebourg
Thal-Marmoutier
Sindelsberg
Lochwiller
Friedolsheim
Schwebwiller
Maennolsheim
Rohr
Saverne
St-Gall
Kleingœft
Westhouse-Marmoutier
Landersheim
Haselbourg
Chât. d'Ochsenstein
Marmoutier
Hellert
Reutenbourg
Knœrsheim
Wœllenhm.
Schaeferhof
Reinhardsmunster
Dimbsthal
Zehnacker
Avenheim
Willgottheim
Singrist
Neugartheim
Harreberg
Hengwiller
Jetterswiller
Rangen
Zeinheim
Col de Valsberg
Salenthal
Crastatt
Hohengœft
la Hoube
Wintzenheim-Kochersberg
Ittenheim
Dabo
Birkenwald
Allenwiller
Romanswiller
St-Léon
Église goth.
Wasselonne
Nordheim
Kuttolsheim
Engenthal
Obersteigen
127
130

A
B
C
D
E
U
F
R
A
N
1
2
3
4
5
6
Eppenbrunn
Ransbrunnerhof
Schweix
Hilst
Lieder-schiedt
Bousseviller
Hanviller
Roppeviller
Haspelschiedt
Deutsch-Franz. Touristikroute
Biosphären-reservat
Pfälzerwald/Nordvogesen
Wasgau
Altschlossfelsen
Mümmelsköpfe
Erlenkopf
Ludwigswinkel
Pfälzer-
Fischbach b. Dahn
Rumbach
Bruchweiler-Bärenbach
Busenberg
Erlenbach b. Dahn
Bundenthal
Niederschlettenbach
Nothweiler
Schönau
Gebüg
Petersbächel
Schaubergw
Bitche
Quartier Pagezy
Mais. For. Erlenmoos
Mon. Fre Dauenthal
Bremendehlerhof
Sturzelbronn
Ft. de Sturzelbronn
Mon. Fre. Biesenberg
Hardt
Châț.de Wasigenstein
Wengelsbach
Col du Gœtzenberg
Châț.de Arnsbourg
Châț.de Loewenstein
Châț.de Fleckenstein
Châț.de Frœnsbourg
Obersteinbach
Niedersteinbach
Wingen
Vosges du Nord
Parc Naturel Régional des Vosges du Nord
Ft. de
Eguelshardt
Erbsenthal
Châț.de Rothenbourg
Erbsenberg
Châț.de Waldeck
Neudœrfel
Châț.de Schoeneck
Fischer-acker
Châț.de Wineck
Neunhoffen
Dambach
Châț.de Falkenstein
Châț.de Hohenfels
Châț. de Windstein
Disteldorf
Lembach
Nagelsthal
la Verrerie
Windstein
Mattstall
Pfaffenbronn
Mouterhouse
Neuschmelz
Rochers du Ramstein
Philippsbourg
Circuit Touristique Franco-Allemand
Gr. Wintersberg
Jaegerthal
Baerenthal
Melch
Ft.de Hanau
Unter-
Ober-muhlthal
Châț.de Wasenbourg
Wasenkoepfel
Niederbronn-les-Bains
Nehwiller-près-Wœrth
Langensoultzbach
Lobsann
Lampertsloch
Gœrsdorf
Frœschwiller
Mitschdorf
Preuschdorf
Dieffenbach
Wildenguth
Reipertswiller
Oberbronn
Reichshoffen
Wœrth
Merkwiller-Pechelbronn
Oberdf.-Spachb.
Didiland
Eberbach-Wœrth
Lichtenberg
Zinswiller
Schirlenhof
Gundershoffen
Morsbronn-les-Bains
Gunstett
Biblisheim
Surbourg
Offwiller
Rothbach
Gumbrechtshoffen
Forstheim
Durrenbach
Walbourg
Bischholtz
Uttenhoffen
Hegeney
Griesbach
Mulhausen
Engwiller
Laubach
Hinterfeld
Weinbourg
Ingwiller
Schillersdorf
Uhrwiller
Mietesheim
Mertzwiller
Eschbach
Menchhoffen
Nieffern
Kindwiller
Zutzendorf
Bitschhoffen
Ober-soultzbach
Uberach
La Walck
Forêt de
Nieder-
Uttwiller
Obermodern-
Niedermodern
Neubourg
Schalkendorf
Pfaffenhoffen
Val de Moder
Dauendorf
Griesbach-le-Bastberg
Bouxwiller
Ringeldorf
Morschwiller
Schweighouse-s-Moder
Marxenhouse
HAG
Buswiller
Kirrwiller
Ettendorf
Grassendorf
Uhlwiller
Riedheim
Imbsheim
Ringendf.
Niederaltdorf
Ohlungen
Geiswiller
Bosselshsn.
Issenhausen
Huttendorf
Altdorf
Nerstheim
Wintershouse
Musau
Printzheim
Zœbersdorf
Lixhausen
Bossendorf
Alteckendorf
Batzendorf
Wittersheim
Hochstett
Marienthal
Wickersheim
Wilshausen
Minversheim
Gottesheim
Hochfelden
Nieder-schaeffolsheim
Rosenwiller
Scherlenheim
Wahlenheim
Bischwiller
Gries
Dettwiller
Hoch-felden
Schwindratzhm.
Mommenheim
Rottelsheim
Kriegsheim
Melsheim
Wilwisheim
Waltenheim-s.-Zorn
Bernolsheim
Brumath
Weitbruch
Canal de la Marne au Rhin
Mutzenhouse
Krautwiller
Lupstein
Ingenheim
Hohfrankenheim
Kurtzenhouse
Waldolwishm.
Furchhsn.
Schaffhouse-sur-Zorn
Wingersheim les Quatre Bans
Geudertheim
Littenheim
Altenheim
Gingsheim
Donnenheim
Duntzenheim
Église 10e siècle
Bilwisheim
Weyersheim
Wolschhm.
Friedolsheim
Hohatzenheim
Stephansfeld
Bietlenheim
Saessolsheim
Gougenhm.
Mittelhsn.
Mittelschaeffolsheim
Brumath/Vendenheim
Maennolsheim
Gimbrett
Kleingœft
Rohr
Hœrdt
Westhouse-Marmoutier
Landersheim
Durningen
Olwisheim
Knœrsheim
Kienheim
Rumersheim
Reichstett/Hoerdt
Wœllenheim
Avenheim
Berstett
Zehnacker
Willgottheim
Klein-frankenhm.
Reitwiller
Eckwersheim
La Wantzenau
Rangen
Zeinheim
Neugarthm.
Truchtersheim
Vendenheim
Wintzenheim
Ittlenheim
Pfettisheim
Hohengœft
Circ. d.Vosges du Nord
Lampertheim
Kochersberg
Schnersheim
Pfulgriesheim
Reichstett
Wasselonne
Kuttolsheim
Dossenhm.-Kochersberg
Wiwersheim
Mundolshm.
Reichstett/Mundolsheim
Nordheim
Quatzenheim
Griesheim-s-S.
Souffelweyersheim
5 km
3.11 mi
A4
E25
131

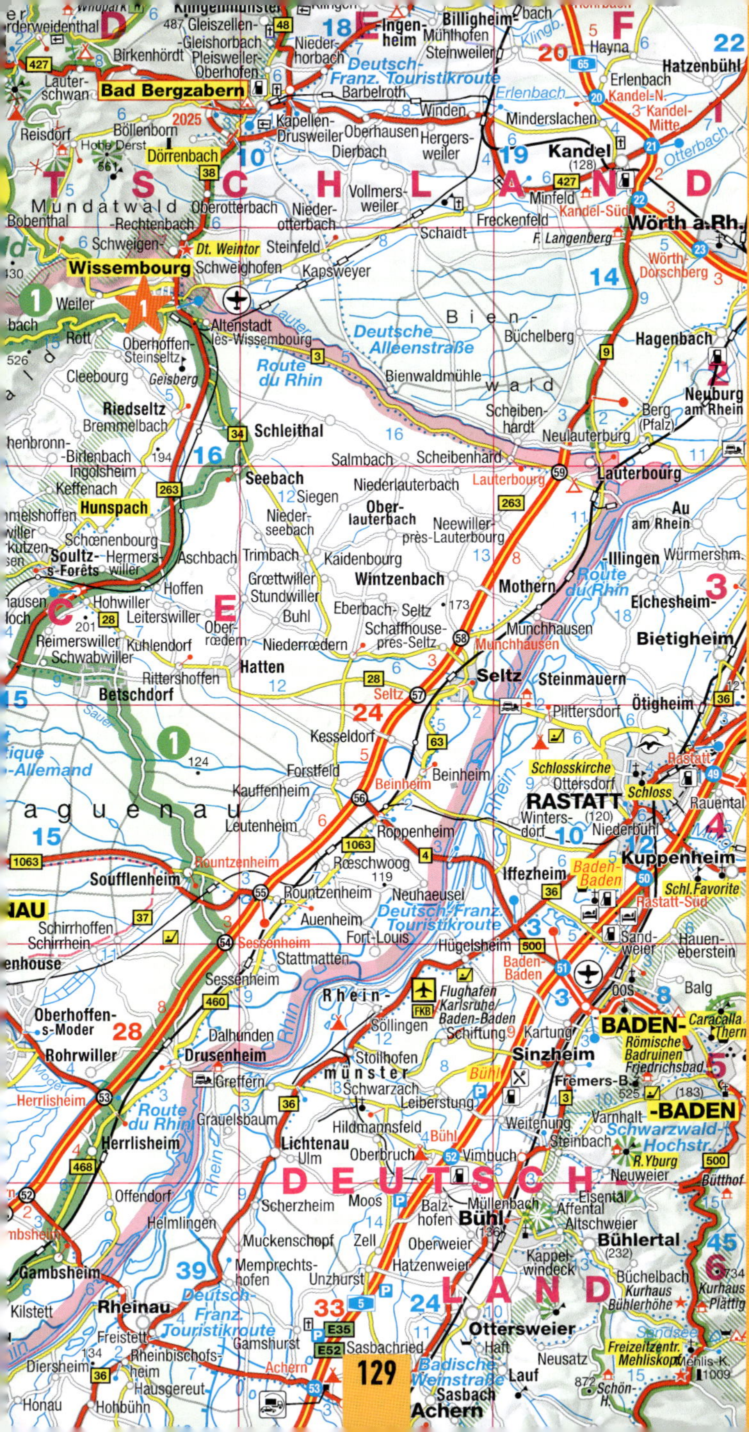

Bad Bergzabern
Gleiszellen-Gleishorbach
Pleisweiler-Oberhofen
Birkenhördt
Lauterschwan
Reisdorf
Böllenborn
Hohe Derst
Dörrenbach
Kapellen-Drusweiler
Oberhausen
Dierbach
Barbelroth
Niederhorbach
Ingenheim
Billigheim-Mühlhofen
Steinweiler
Winden
Hergersweiler
Minderslachen
Kandel
Hayna
Erlenbach
Hatzenbühl
Kandel-N.
Kandel-Mitte
Otterbach
Minfeld
Kandel-Süd
Freckenfeld
Wörth a.Rh.
F. Langenberg
Wörth-Dorschberg
Vollmersweiler
Niederotterbach
Oberotterbach
Schaidt
Mundatwald
Bobenthal
Rechtenbach
Schweigen-
Dt. Weintor
Steinfeld
Wissembourg
Schweighofen
Kapsweyer
Weiler
Rott
Altenstadt
les-Wissembourg
Oberhoffen-Steinseltz
Geisberg
Cleebourg
Deutsche Alleenstraße
Route du Rhin
Bienwald
Büchelberg
Hagenbach
Bienwaldmühle
Scheibenhardt
Neulauterburg
Berg (Pfalz)
Neuburg am Rhein
Riedseltz
Bremmelbach
Schleithal
Birlenbach
Ingolsheim
Keffenach
Hunspach
Salmbach
Scheibenhard
Lauterbourg
Seebach
Siegen
Niederlauterbach
Oberlauterbach
Niederseebach
Neewiller-près-Lauterbourg
Au am Rhein
Schœnenbourg
Soultz-s-Forêts
Hermerswiller
Aschbach
Trimbach
Kaidenbourg
Illingen
Würmershm.
Hoffen
Grœttwiller
Stundwiller
Wintzenbach
Mothern
Elchesheim-
Hohwiller
Leiterswiller
Oberrœdern
Buhl
Eberbach-Seltz
Schaffhouse-près-Seltz
Munchhausen
Bietigheim
Reimerswiller
Schwabwiller
Kuhlendorf
Niederrœdern
Rittershoffen
Hatten
Betschdorf
Seltz
Steinmauern
Plittersdorf
Ötigheim
Kesseldorf
Beinheim
Forstfeld
Kauffenheim
Schlosskirche
Ottersdorf
RASTATT
Schloss
Rauental
Leutenheim
Haguenau
Wintersdorf
Niederbühl
Roppenheim
Kuppenheim
Soufflenheim
Rountzenheim
Rœschwoog
Iffezheim
Baden-Baden
Schl. Favorite
Rastatt-Süd
Neuhaeusel
Deutsch-Franz. Touristikroute
Schirrhoffen
Schirrhein
Auenheim
Fort-Louis
Hügelsheim
Sandweiler
Hauenebersteinen
Sessenheim
Stattmatten
Balg
Rheinmünster
Flughafen Karlsruhe/Baden-Baden
Caracalla Therm
Oberhoffen-s-Moder
Dalhunden
Söllingen
Schiftung
Kartung
BADEN-BADEN
Römische Badruinen
Friedrichsbad
Rohrwiller
Drusenheim
Stollhofen
Sinzheim
Herrlisheim
Greffern
Schwarzach
Fremers-B.
Grauelsbaum
Leiberstung
Varnhalt
Hildmannsfeld
Weitenung
Schwarzwald-Hochstr.
Steinbach
Lichtenau
Ulm
Oberbruch
Bühl
Vimbuch
R. Yburg
Neuweier
Bütthof
Offendorf
DEUTSCHLAND
Scherzheim
Moos
Balzhofen
Müllenbach
Eisental
Affental
Altschweier
Helmlingen
Bühlertal
Gambsheim
Muckenschopf
Zell
Oberweier
Kappelwindeck
Memprechtshofen
Hatzenweier
Unzhurst
Büchelbach
Kurhaus Bühlerhöhe
Kurhaus Plättig
Kilstett
Rheinau
Freistett
Rheinbischofsheim
Gamshurst
Ottersweier
Haft
Sandsee
Freizeitzentr. Mehliskopf
Mehlis-K.
Diersheim
Hausgereut
Sasbachried
Achern
Badische Weinstraße
Lauf
Neusatz
Schön-H.
Honau
Hohbühn
Sasbach

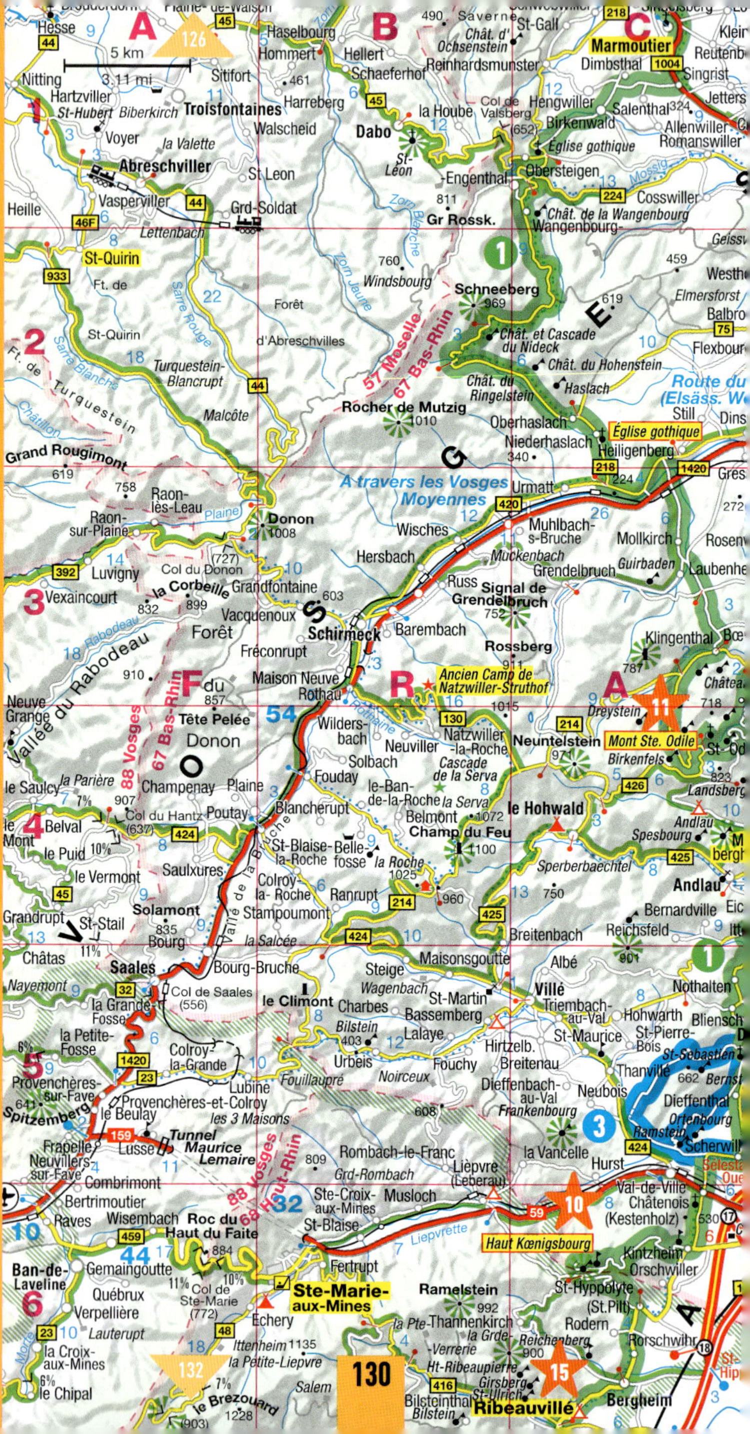

A
126
B
C
5 km
3.11 mi
Hesse
Nitting
Hartzviller
St-Hubert
Biberkirch
Troisfontaines
Sitifort
Haselbourg
Hommert
Harreberg
Walscheid
Hellert
Schaeferhof
Reinhardsmunster
Saverne
Châtd'Ochsenstein
St-Gall
Marmoutier
Dimbsthal
Singrist
Reutenb
Jetters
Salenthal
Hengwiller
Col de Valsberg
Birkenwald
Allenwiller
Romanswiller
Église gothique
Dabo
la Hoube
St-Léon
Engenthal
Obersteigen
Mossig
Cosswiller
Voyer
la Valette
Abreschviller
St Leon
Heille
Vasperviller
Grd-Soldat
Lettenbach
St-Quirin
Ft. de
Forêt
d'Abreschvilles
Gr Rossk.
Zorn Blanche
Zorn Jaune
Windsbourg
Schneeberg
Wangenbourg
Châtde la Wangenbourg
Geissw
Westh
Elmersforst
Balbro
Flexbour
Châtet Cascade du Nideck
Châtdu Hohenstein
Haslach
Châtdu Ringelstein
Route du (Elsäss. W
Still
Dins
Oberhaslach
Église gothique
Niederhaslach
Heiligenberg
Gres
Rocher de Mutzig
57 Moselle
67 Bas-Rhin
2
Sarre Blanche
Ft. de Turquestein
Châtillon
Sarre Rouge
Turquestein-Blancrupt
Malcôte
Grand Rougimont
Raon-lès-Leau
Raon-sur-Plaine
Plaine
Donon
A travers les Vosges Moyennes
Urmatt
Muhlbach-s-Bruche
Mollkirch
Rosen
Wisches
Hersbach
Muckenbach
Grendelbruch
Guirbaden
Laubenhe
Russ
Signal de Grendelbruch
Luvigny
Col du Donon
Grandfontaine
3
Vexaincourt
la Corbeille
Vacquenoux
Schirmeck
Barembach
Forêt
Rabodeau
Vallée du Rabodeau
Fréconrupt
Maison Neuve
Rothau
Rossberg
Klingenthal
Ancien Camp de Natzwiller-Struthof
Châtea
Dreystein
Neuve Grange
F du
Tête Pelée
Donon
88 Vosges
67 Bas-Rhin
54
Wildersbach
Neuviller
Natzwiller -la-Roche
Neuntelstein
Mont Ste. Odile
St-Od
Birkenfels
Cascade de la Serva
Solbach
Fouday
le-Ban-de-la-Roche
la Serva
Landsberg
le Saulcy
la Parière
Champenay
Plaine
Blancherupt
Belmont
le Hohwald
Andlau
le Mont
4
Belval
Col du Hantz
Poutay
Champ du Feu
Spesbourg
le Puid
St-Blaise-la-Roche
Belle-fosse
la Roche
Sperberbaechtel
le Vermont
Saulxures
Colroy-la-Roche
Ranrupt
Andlau
Bernardville
Grandrupt
St-Stail
Solamont
Stampoumont
Breitenbach
Reichsfeld
Bourg
la Salcée
Vallée de la Bruche
Châtas
Saales
Bourg-Bruche
Steige
Maisonsgoutte
Albé
Nayemont
Col de Saales
le Climont
Wagenbach
St-Martin
Villé
Nothalten
la Grande-Fosse
Charbes
Bassemberg
Triembach-au-Val
Hohwarth
Bliensch
la Petite-Fosse
Bilstein
Lalaye
Hirtzelb.
St-Maurice
St-Pierre-Bois
Colroy-la-Grande
Urbeis
Breitenau
St-Sébastien
5
Thanvillé
Bernst
Provenchères-sur-Fave
Lubine
Fouillaupré
Noirceux
Fouchy
Dieffenbach-au-Val
Neubois
Dieffenthal
Provenchères-et-Colroy
Spitzemberg
le Beulay
les 3 Maisons
Frankenbourg
Ortenbourg
Ramstein
Scherwil
Frapelle
Tunnel Maurice Lemaire
Lusse
Rombach-le-Franc
la Vancelle
Hurst
Neuvillers-sur-Fave
Grd-Rombach
Liepvre (Leberau)
Sélesta
Combrimont
Ste-Croix-aux-Mines
Musloch
Val-de-Ville
Bertrimoutier
88 Vosges
68 Haut-Rhin
32
Châtenois (Kestenholz)
Raves
Wisembach
Roc du Haut du Faite
St-Blaise
Liepvrette
Haut Kœnigsbourg
Ban-de-Laveline
Gemaingoutte
Fertrupt
Kintzheim
Orschwiller
Col de Ste-Marie
Ste-Marie-aux-Mines
Ramelstein
St-Hyppolyte (St.Pilt)
6
Québrux
Verpellière
Echery
la Pte-Thannenkirch
Rodern
Lauterupt
Ittenheim
la Grde-Verrerie
Reichenberg
Rorschwihr
la Croix-aux-Mines
la Petite-Liepvre
Ht-Ribeaupierre
132
130
Girsberg
le Chipal
Salem
Bilsteinthal
St-Ulrich
Bilstein
Ribeauvillé
le Brezouard
Bergheim

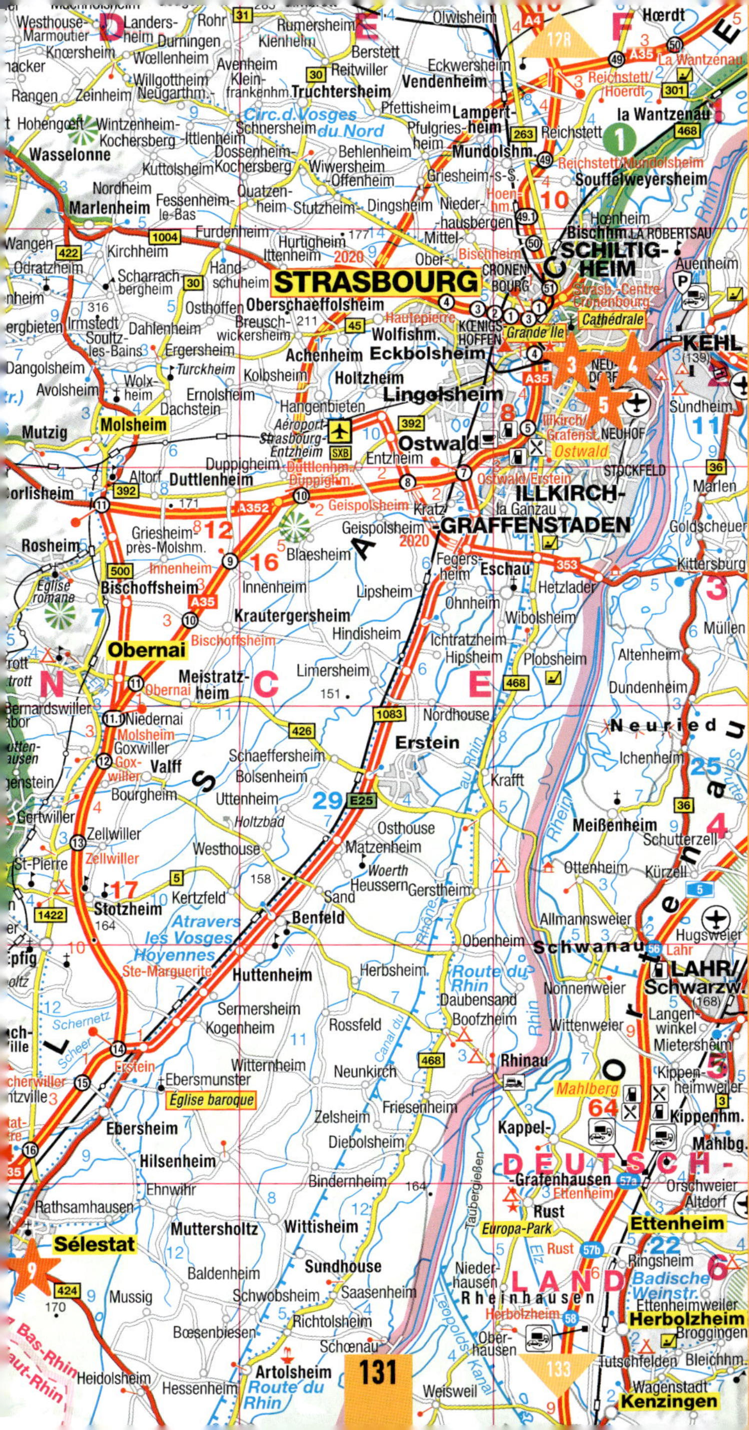

STRASBOURG
SCHILTIGHEIM
Bischheim
Hœnheim
KEHL
Lingolsheim
Ostwald
ILLKIRCH-GRAFFENSTADEN
Eckbolsheim
Wolfishm.
Achenheim
Oberschaeffolsheim
Holtzheim
Entzheim
Aéroport Strasbourg-Entzheim
Molsheim
Mutzig
Duttlenheim
Duppigheim
Rosheim
Bischoffsheim
Obernai
Meistratzheim
Krautergersheim
Innenheim
Blaesheim
Geispolsheim
Eschau
Fegersheim
Lipsheim
Ichtratzheim
Hipsheim
Plobsheim
Limersheim
Nordhouse
Erstein
Krafft
Schaeffersheim
Bolsenheim
Uttenheim
Valff
Niedernai
Goxwiller
Bourgheim
Zellwiller
Stotzheim
Kertzfeld
Westhouse
Benfeld
Sand
Matzenheim
Osthouse
Gerstheim
Obenheim
Huttenheim
Herbsheim
Sermersheim
Kogenheim
Rossfeld
Witternheim
Ebersmunster
Église baroque
Ebersheim
Hilsenheim
Neunkirch
Friesenheim
Zelsheim
Diebolsheim
Bindernheim
Rhinau
Sélestat
Muttersholtz
Wittisheim
Sundhouse
Baldenheim
Schwobsheim
Saasenheim
Richtolsheim
Mussig
Bœsenbiesen
Schœnau
Artolsheim
Heidolsheim
Hessenheim
Route du Rhin
Marlenheim
Wasselonne
Truchtersheim
Vendenheim
Mundolshm.
Reichstett
la Wantzenau
Souffelweyersheim
Hoerdt
Neuried
Ichenheim
Meißenheim
Schutterzell
Ottenheim
Schwanau
Allmannsweier
Hugsweier
LAHR/Schwarzw.
Nonnenweier
Wittenweier
Kippenheimweiler
Kippenhm.
Mahlberg
Mahlbg.
Kappel-Grafenhausen
Orschweier
Rust
Europa-Park
Ettenheim
Ringsheim
Rheinhausen
Herbolzheim
Kenzingen
Badische Weinstr.
DEUTSCHLAND
Bas-Rhin
Haut-Rhin
Rhein
Rhin
Canal du Rhône au Rhin
Leopolds-Kanal
Taubergießen
A4
A35
A352
A5
E25

130
SAINT-DIÉ-DES-VOSGES
Col du Ht Jacques (606)
Grandrupt
Neuvillers-sur-Fave
Combrimont
Tunnel Maurice Lemaire
Ste-Croix-aux-Mines
Ste-Blaise
Rougiville
Côte St Martin
Ste-Marguerite
Bertrimoutier
Raves
Wisembach
Roc du Haut du Faite
Taintrux
Rémémont
Coinches
Ban-de-Laveline
Gemaingoutte
Col de Ste-Marie (772)
Ste-Marie-aux-Mines
Chevry
Anozel
Saulcy-sur-Meurthe
Entre-deux-Eaux
Fouchifol
Québrux
Verpellière
Echery
le Paire
Sarupt
Bénifosse
Mandray
Lauterupt
Ittenheim
la Petite-Liepvre
St-Léonard
la Croix-aux-Mines
88 Vosges
68 Haut-Rhin
l'Epaxe
Vanémont
Col de Mandray (694)
le Chipal
Salem
l'Anoux
la Côte
le Souche
le Brezouard
Parc
Mont Thiriville
la Houssière
les Gouttes
Meurthe
Fraize
Col des Bagenelles
Kalbl
Ruxurieux
Anould
Clefcy
Col du Bonhomme (949)
le Bonhomme
Corcieux
Vienville
Plainfaing
Barançon
Fréland
Ribeaugoutte
Tête des Faux
Barbey-Seroux
Rambaville
Habeaurupt
Lapoutroie
Route des Crêtes
Hachimette
Arrentès-de-Corcieux
Gerbépal
Sachemont
Route Joffre
Col du Calvaire (1144)
Kaysersberg
Champ de Roche
la Scie
Haut de Steige
Lac Blanc
Rocher Belmont
Orbey
Petite Meurthe
Ban-sur-Meurthe
Pairis
Tannach
Labaroche
Martimpré
le Plainfaing
la Glacière
Défilé de Straiture
Gazon de Faing
Naturel
Vallée des Granges
Col de Martimpré (800)
le Valtin
le Tanet
Lac Noir
Kirchompré
Xonrupt-Longemer
le Grand-Valtin
Lac Vert
Lac de Gérardmer
Lac de Longemer
Ht Fourneau
Hohrodberg
Zimmerbach
Walbach
Gérardmer
Soultzeren
la Rochotte
Lac de Retournemer
Roche du Diable
Col de la Schlucht (1139)
Hohrod
Route Verte
Wihr-au-Val
Gunsbach
Cascade de Mérelle
Jardin alpin du Haut Chitelet
Stosswihr
Bas-Rupts
Chajoux
Belle-Hutte
le Hohneck
Luttenbach-près-Munster
Munster
Soultz-les-Bains
Col de Grosse Pierre (955)
Vologne
Muhlbach-sur-Munster
Fecht
Griesbach-au-Val
Eschbach-au-Val
La Bresse
les Baraques
Vallée de Vologne
le Kastelberg
Lac de Blanchemer
Metzeral
Breitenbach-Haut-Rhin
Régional
le Rainkopf
Sondernach
Wasserbourg
Col de Bramont (956)
Mittlach
Schnepfenriedkopf
Osenbach
Lac des Corbeaux
Cascade du Heidenbad
Col du Herrenberg (1186)
Landersen
Wintzfelden
Chermémil
Wildenstein
Xoulces
Cascade du Bockloch
Lac de Kruth-Wildenstein
Cascade
le Petit Ballon
Route des Crêtes/ Route Joffre
Linthal
Cornimont
les Baranges
le Grand Ventron
Vallée de la Thur
Château de Wildenstein
le Klintzkopf
St-Gangolf
Lautenbach
Schweighouse
Sengern
Breitfirst
Travexin
Ventron
Lautenbachzell
Kruth
le Trehkopf
Lac de la Lauch
Belchenthal Cascades
Buhl
Ermitage du Frère Joseph
le Markstein
Murbach
Guebwiller
Gd Drumont
Cascade St Nicolas
Oderen
Cascade du Brusher
Lac du Ballon
Rimbach-près-Guebwiller
St-Léodegar
des Ballons
la Hutte
Pt Drumont
Source de la Moselle
Fellering
Col de Bussang
Husseren-Wesserling
Ranspach
Bramaly
le Grand Ballon
Rimbachzell
Ste-Anne
Soultz-Haut-Rhin
Geishouse
le Sudelkopf
Bussang
Urbès
Storckensohn
Altenbach
Goldbach
Jungholtz
Tête de Neufs Bois
Mollau
Mitzach
St-Amarin
Moosch
Route des Crêtes
Wuenheim
Goutte-du-Rieux
Malmerspach
Molkenrain
Vieil Armand
Hartmannswiller
Berrwiller
les Charbonniers
Tete de Perches
Lac des Perches (Sternsee)
Willer-sur-Thur
Wattwiller
5 km
3.11 mi
Ballon d'Alsace
Neuweiher
Rimbach-près-Masevaux
Ermensbach
Bitschwiller-lès-Thann
Œil de la Sorcière
Steinbach
Uffholtz
Lac d'Alfeld
Rossberg
Oberbruck
Lac de Sewen
Route des Crêtes/ Route Joffre
Cernay
Sewen
Dolleren
Coll.St-Thiebaut
Col du Ballon
134
Wegscheid
Thann
Tremontkopf
des Vosges
132
Cité Graffenwald
Malvaux
Niederbruck
Sickert
Rammersmatt
Leimbach
Roderen

Sélestat-Ouest
Sélestat-Centre
Hilsenheim
Bindernheim
Lièpvre (Leberau)
Hurst
Val-de-Ville
Châtenois (Kestenholz)
Ehnwihr
Rathsamhausen
Cigoland
Muttersholtz
Wittisheim
Sélestat
Haut Kœnigsbourg
Liepvrette
Kintzheim
Orschwiller
Baldenheim
Sundhouse
Saasenheim
Ramelstein
St-Hyppolyte (St.Pilt)
Mussig
Schwobsheim
Richtolsheim
la Pte-Thannenkirch
la Grde-Verrerie
Rodern
Reichenberg
Rorschwihr
67 Bas-Rhin
68 Haut-Rhin
Bœsenbiesen
Ht-Ribeaupierre
St-Hippolyte
Girsberg
Hessenheim
Artolsheim
St-Ulrich
Bilsteinthal
Bilstein
Bergheim
Route du Rhin
Heidolsheim
Bootzheim
Ribeauvillé
Guémar
Illhaeusern
Ohnenheim
Mackenheim
Hunawihr
Marckolsheim
Rhein
Riquewihr
Zellenberg
Ostheim
Elsenheim
Alspach
Mittelwihr
Beblenheim
Grussenheim
Bennwihr
Sigolsheim
Sasbach am Kaiserstuhl
Leiselheim
Kientzheim
Houssen
Riedwihr
Porte du Ried
Jebsheim
Artzenheim
Route du Vin
Holtzwihr
Jechtingen
Kaysersberg
Canal de Colmar
Katzenthal
Wickerschwihr
Muntzenheim
Bischoffingen
Bischwihr
Ingersheim
C.-Nord
Durrenentzen
Baltzenheim
Burkheim
Niedermorschwihr
Horbourg-Wihr
Forschwihr
Oberrotweil
Wihr-en-Plaine
Urschenheim
Niederrotweil
St-Gilles
Musée Unterlinden
Kunheim
Andolsheim
Wintzenheim
C-Süd
Widensohlen
Achkarren
COLMAR
Route Verte (Grüne Straße)
Wettolsheim
Eguisheim
C-Centre
Sundhoffen
Biesheim
Breisach a.Rhein
Husseren-les-Châteaux
Appenwihr
Wolfgantzen
Marbach
Obermorschwihr
Herrlisheim-près-Colmar
Ste-Croix-en-P.
Logelheim
Neuf-Brisach
Volgelsheim
Hochstetten
Vauban
Hattstatt
Ste-Croix-en-Plaine
Église romane
Weckolsheim
Hettenschlag
Vogelgrun
Algolsheim
Obersaasheim
Niederhergheim
Pfaffenheim
Route du Rhin
Canal Vauban
Geiswasser
Dessenheim
Soultzmatt
Oberhergheim
Heiteren
Westhalten
Biltzheim
Thierhurstkp
Rouffach
Rustenhart
Niederentzen
Oberentzen
Rheinfelderhof
Nambsheim
Bollenberg
Gundolsheim
Hartheim
Balgau
Munwiller
Meyenheim
Bremgarten
Merxheim
Meyenheim
Zone industrielle
Canal du Rhône au Rhin
Fessenheim
Hirtzfelden
Réguisheim
Hartheim/Heitersheim
Raedersheim
Roggenhouse
Blodelsheim
Ungersheim
DEUTSCHLAND
Ensisheim
Ensisheim
Munchhouse
Grand Canal
Grißheim
Bollwiller
Feldkirch
Parc du Petit Prince
Seefelden
Écomusée d'Alsace
Forêt de la Harth
Canal de la Harth
Buggingen
Pulversheim
Rumersheim-le-Haut
Zienken
Route du Rhin
Hügelheim
Ruelisheim
Battenheim
Chalampé
Cité Rossallmend
Bois de Nonnenbruch
Bantzenheim
Müllheim
Cité Jeune-Bois
Wittenheim
Harth Nord
Neuenbg. a. Rhein
Kingersheim.
Battenheim
Müllheim/Neuenburg
Baldersheim
Sausheim
Église
Vögisheim
Cité Fernand-Anna
Illzach
Ottmarsheim
Richwiller
Sausheim
Dr. Neuenburg
Auggen
133
131
135

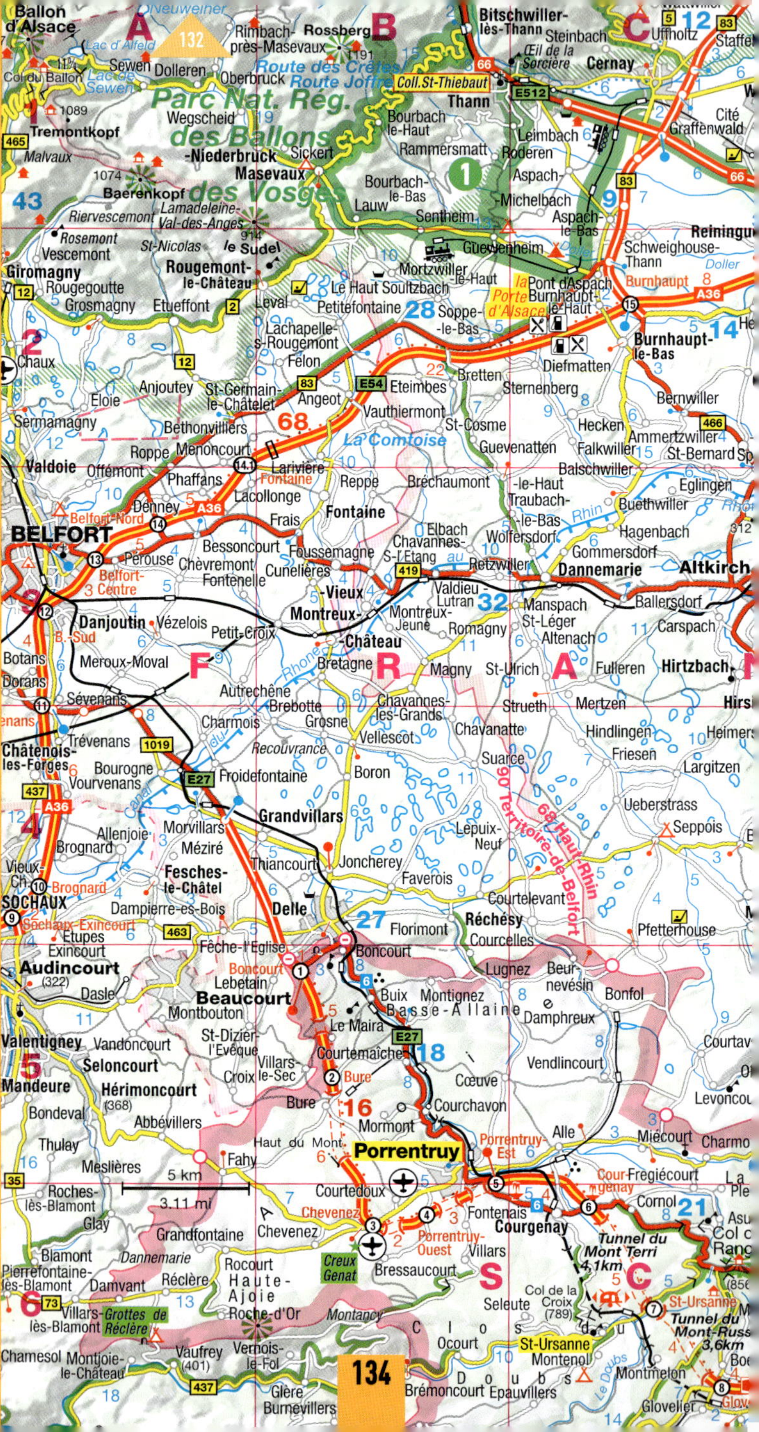

132
Ballon d'Alsace
Lac d'Alfeld
Rimbach-près-Masevaux
Rossberg
Bitschwiller-lès-Thann
Steinbach
Uffholtz
Staffel
Œil de la Sorcière
Cernay
Sewen
Dolleren
Oberbruck
Lac de Sewen
Col du Ballon
Route des Crêtes
Route Joffre
Coll. St-Thiebaut
Thann
Parc Nat. Rég. des Ballons des Vosges
Tremontkopf
Wegscheid
Bourbach-le-Haut
Leimbach
Cité Graffenwald
Malvaux
-Niederbruck
Sickert
Rammersmatt
Roderen
Masevaux
Aspach-
Baerenkopf
Bourbach-le-Bas
Lauw
-Michelbach
Riervescemont
Lamadeleine-Val-des-Anges
Sentheim
Aspach-le-Bas
Reiningue
Rosemont
Vescemont
St-Nicolas
le Sudel
Guewenheim
Schweighouse-Thann
Doller
Giromagny
Rougegoutte
Grosmagny
Rougemont-le-Château
Etueffont
Leval
Mortzwiller
Le Haut Soultzbach
-le-Haut
la Porte d'Alsace
Pont d'Aspach
Burnhaupt-le-Haut
Burnhaupt
Petitefontaine
Soppe-le-Bas
Lachapelle-s-Rougemont
Felon
Burnhaupt-le-Bas
Chaux
Bretten
Diefmatten
Anjoutey
Eloie
St-Germain-le-Châtelet
Angeot
Eteimbes
Sternenberg
Bernwiller
Sermamagny
Bethonvilliers
Vauthiermont
St-Cosme
Hecken
Ammertzwiller
La Comtoise
Guevenatten
Falkwiller
St-Bernard
Valdoie
Offémont
Roppe
Menoncourt
Lariviere
Fontaine
Reppe
Bréchaumont
Balschwiller
Eglingen
Phaffans
-le-Haut
Denney
Lacollonge
Traubach-
Buethwiller
Belfort-Nord
Frais
Fontaine
-le-Bas
Rhin
BELFORT
Bessoncourt
Elbach
Wolfersdorf
Hagenbach
Pérouse
Chèvremont
Foussemagne
Chavannes-s-l'Etang
Retzwiller
Gommersdorf
Fontenelle
Cunelières
Dannemarie
Altkirch
Belfort-Centre
-Vieux
Valdieu-Lutran
Ballersdorf
Danjoutin
Vézelois
Montreux-
Montreux-Jeune
Manspach
St-Léger
Carspach
B.-Sud
Petit-Croix
-Château
Romagny
Altenach
Botans
Meroux-Moval
Bretagne
Rhône
Magny
St-Ulrich
Fulleren
Hirtzbach
Dorans
Autrechêne
Sévenans
Brebotte
Chavannes-les-Grands
Strueth
Mertzen
Charmois
Grosne
Chavanatte
Hindlingen
Trévenans
Recouvrance
Vellescot
Châtenois-les-Forges
Bourogne
Froidefontaine
Boron
Suarce
Friesen
Largitzen
Vourvenans
Grandvillars
Ueberstrass
Morvillars
Méziré
Lepuix-Neuf
Seppois
Allenjoie
Brognard
90 Territoire-de-Belfort
68 Haut-Rhin
Thiancourt
Joncherey
Vieux-Ch.
Brognard
Fesches-le-Châtel
Faverois
SOCHAUX
Dampierre-es-Bois
Delle
Courtelevant
Réchésy
Sochaux-Exincourt
Etupes
Exincourt
Florimont
Courcelles
Pfetterhouse
Fêche-l'Eglise
Boncourt
Audincourt
Lebetain
Lugnez
Beurnevésin
Bonfol
Dasle
Beaucourt
Buix
Montignez
Basse-Allaine
Damphreux
Montbouton
Le Maira
Valentigney
Vandoncourt
St-Dizier-l'Evêque
Courtemaîche
Courtav
Seloncourt
Villars-le-Sec
Vendlincourt
Mandeure
Hérimoncourt
Croix
Bure
Cœuve
Levoncou
Bondeval
Abbévillers
Courchavon
Thulay
Mormont
Alle
Miécourt
Charmo
Haut du Mont
Porrentruy
Porrentruy-Est
Meslières
Fahy
5 km
3.11 mi
Courtedoux
Fregiécourt
Roches-lès-Blamont
Chevenez
Cornol
Glay
Grandfontaine
Chevenez
Fontenais
Courgenay
Porrentruy-Ouest
Tunnel du Mont Terri 4,1km
Blamont
Dannemarie
Rocourt
Creux Genat
Villars
Pierrefontaine-lès-Blamont
Damvant
Réclère
Haute-Ajoie
Bressaucourt
Col de la Croix
Seleute
Villars-lès-Blamont
Grottes de Réclère
Roche-d'Or
Montancy
Clos du Doubs
St-Ursanne
Tunnel du Mont-Russ 3,6km
Chamesol
Montjoie-le-Château
Vaufrey
Vernois-le-Fol
Ocourt
Montenol
Montmelon
Glère
Burnevillers
Brémoncourt
Epauvillers
Le Doubs
Glovelier
134

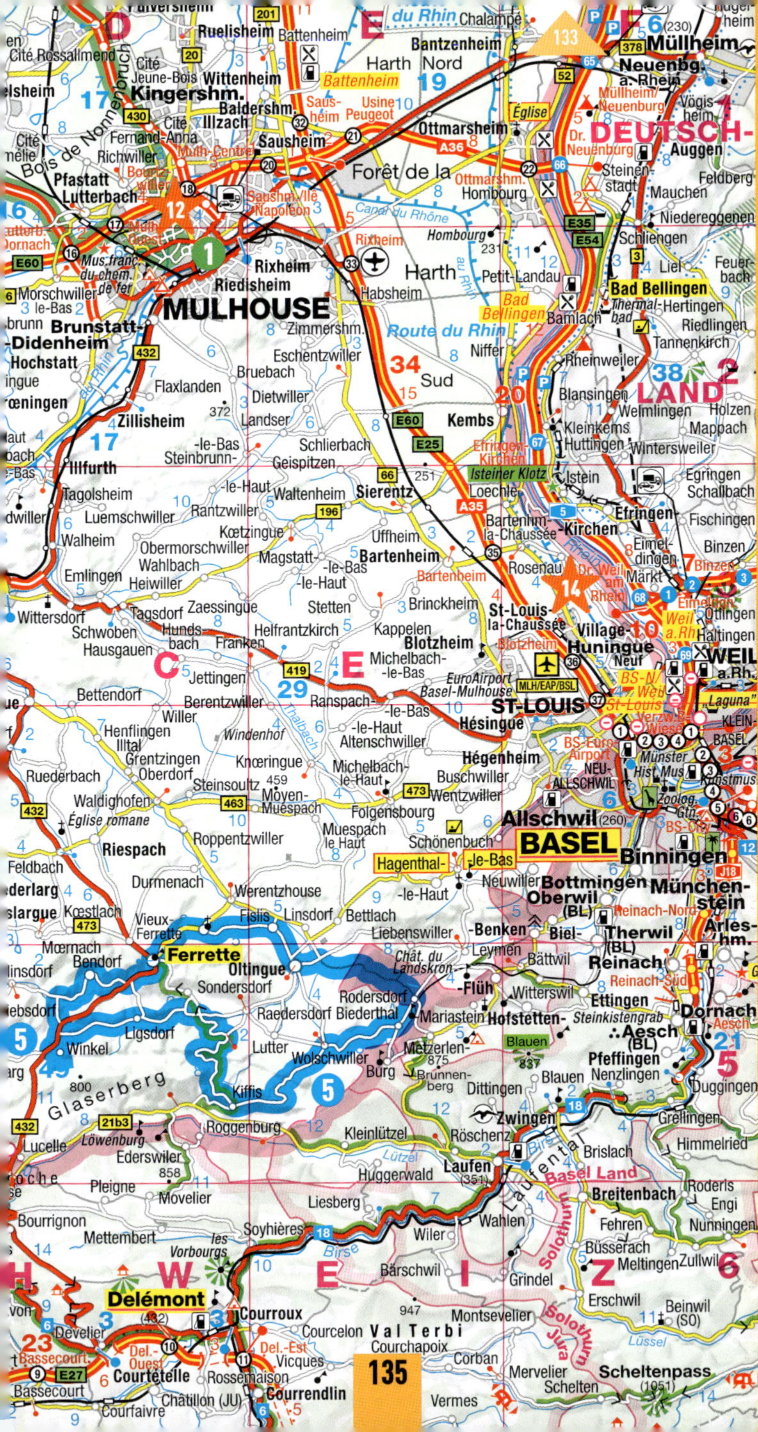

133
Ruelisheim
Battenheim
Bantzenheim
Müllheim
Neuenbg. a. Rhein
Harth Nord
Cité Rossalmend
Kingershm.
Wittenheim
Baldershm.
Illzach
Sausheim
Usine Peugeot
Ottmarsheim
Église
Müllheim/Neuenburg
DEUTSCH-
Auggen
Pfastatt
Lutterbach
Richwiller
Bois de Nonnenbruch
Forêt de la
Ottmarshm.
Hombourg
Steinenstadt
Mauchen
Feldberg
Niedereggenen
Canal du Rhône
Mulh.-Ouest
Mus.franc. du chem. de fer
Rixheim
Riedisheim
Harth
Petit-Landau
Schliengen
Liel
Bad Bellingen
Thermal-bad
Hertingen
Riedlingen
Tannenkirch
MULHOUSE
Morschwiller-le-Bas
Brunstatt-Didenheim
Hochstatt
Habsheim
Zimmersheim
Eschentzwiller
Route du Rhin
Niffer
Bamlach
Rheinweiler
LAND
Bruebach
Flaxlanden
Dietwiller
Sud
Blansingen
Welmlingen
Holzen
Zillisheim
Landser
Kembs
Kleinkems
Huttingen
Mappach
Wintersweiler
Illfurth
Steinbrunn-le-Bas
Schlierbach
Geispitzen
Efringen-Kirchen
Isteiner Klotz
Istein
Egringen
Schallbach
Tagolsheim
Luemschwiller
Walheim
Rantzwiller
Waltenheim
Sierentz
Loechle
Bartenheim-la-Chaussée
Efringen-Kirchen
Fischingen
Kœtzingue
Obermorschwiller
Wahlbach
Magstatt-le-Bas
Magstatt-le-Haut
Uffheim
Bartenheim
Eimeldingen
Binzen
Emlingen
Heiwiller
Rosenau
Dr. Weil am Rhein
Märkt
Wittersdorf
Schwoben
Hausgauen
Tagsdorf
Zaessingue
Hundsbach
Franken
Stetten
Helfrantzkirch
Brinckheim
Kappelen
Blotzheim
St-Louis-la-Chaussée
Village-Neuf
Huningue
Ötlingen
Haltingen
WEIL a.Rh.
Jettingen
Michelbach-le-Bas
EuroAirport Basel-Mulhouse
MLH/EAP/BSL
BS-Nord
Weil
Bettendorf
Berentzwiller
Willer
Ranspach-le-Bas
Ranspach-le-Haut
Hésingue
ST-LOUIS
Laguna
KLEIN-BASEL
Henflingen
Illtal
Grentzingen
Oberdorf
Windenhof
Thalbach
Kœringue
Altenschwiller
Michelbach-le-Haut
Hégenheim
Buschwiller
Münster
Hist. Mus.
Kunstmus.
Ruederbach
Waldighofen
Église romane
Steinsoultz
Moyen-Muespach
Wentzwiller
Folgensbourg
NEU-ALLSCHWIL
Zoolog. Gtn.
BS-City
Riespach
Roppentzwiller
Muespach le Haut
Schönenbuch
Allschwil
BASEL
Binningen
Feldbach
Durmenach
Werentzhouse
Hagenthal-le-Bas
Hagenthal-le-Haut
Neuwiller
Bottmingen
Oberwil (BL)
München-stein
Köstlach
Vieux-Ferrette
Fislis
Linsdorf
Bettlach
Liebenswiller
Benken
Biel-
Therwil (BL)
Reinach-Nord
Arlesheim
Mœrnach
Bendorf
Ferrette
Oltingue
Sondersdorf
Chât. du Landskron
Leymen
Flüh
Bättwil
Reinach
Reinach-Süd
Rodersdorf
Raedersdorf
Biederthal
Mariastein
Witterswil
Hofstetten-
Ettingen
Steinkistengrab
Dornach
Aesch
Aesch (BL)
Winkel
Ligsdorf
Lutter
Wolschwiller
Metzerlen-
Burg
Brunnenberg
Blauen
Pfeffingen
Nenzlingen
Duggingen
Glaserberg
Kiffis
Dittingen
Zwingen
Grellingen
Himmelried
Lucelle
Löwenburg
Roggenburg
Ederswiler
Kleinlützel
Röschenz
Laufental
Brislach
Lützel
Huggerwald
Laufen
Basel Land
Breitenbach
Roderis
Pleigne
Movelier
Liesberg
Wahlen
Engi
Fehren
Nunningen
Bourrignon
Mettembert
Soyhières
les Vorbourgs
Birse
Wiler
Büsserach
Meltingen
Zullwil
Solothurn
Bärschwil
Grindel
Erschwil
Delémont
Develier
Courroux
Courcelon
Val Terbi
Montsevelier
Beinwil (SO)
Bassecourt
Del.-Ouest
Del.-Est
Courchapoix
Lüssel
Courtételle
Rossemaison
Vicques
Corban
Mervelier
Scheltenpass
Schelten
Châtillon (JU)
Courrendlin
Vermes
Courfaivre
Solothurn Jura

KARTENLEGENDE

Autobahn mit Anschlussstelle und Anschlussnummern	Viernheim 45 45 36 24 12	Motorway with junction and junction number
Autobahn in Bau mit voraussichtlichem Fertigstellungsdatum	Datum Date	Motorway under construction with expected date of opening
Rasthaus mit Übernachtung · Raststätte	Kassel	Hotel, motel · Restaurant
Kiosk · Tankstelle		Snackbar · Filling-station
Autohof · Parkplatz mit WC	P	Truckstop · Parking place with WC
Autobahn-Gebührenstelle		Toll station
Autobahnähnliche Schnellstraße		Dual carriageway with motorway characteristics
Fernverkehrsstraße		Trunk road
Verbindungsstraße		Main road
Nebenstraßen		Secondary roads
Fahrweg · Fußweg		Carriageway · Footpath
Gebührenpflichtige Straße		Toll road
Straße für Kraftfahrzeuge gesperrt		Road closed for motor vehicles
Straße für Wohnanhänger gesperrt		Road closed for caravans
Straße für Wohnanhänger nicht empfehlenswert		Road not recommended for caravans
Autofähre · Autozug-Terminal		Car ferry · Autorail station
Hauptbahn · Bahnhof · Tunnel		Main line railway · Station · Tunnel
Besonders sehenswertes kulturelles Objekt	Neuschwanstein	Cultural site of particular interest
Besonders sehenswertes landschaftliches Objekt	Breitachklamm	Landscape of particular interest
MARCO POLO Erlebnistour 1		MARCO POLO Discovery Tour 1
MARCO POLO Erlebnistouren		MARCO POLO Discovery Tours
MARCO POLO Highlight	1	MARCO POLO Highlight
Landschaftlich schöne Strecke		Route with beautiful scenery
Touristenstraße	Hanse-Route	Tourist route
Museumseisenbahn		Tourist train
Kirche, Kapelle · Kirchenruine Kloster · Klosterruine		Church, chapel · Church ruin Monastery · Monastery ruin
Schloss, Burg · Burgruine Turm · Funk-, Fernsehturm		Palace, castle · Castle ruin Tower · Radio or TV tower
Leuchtturm · Windmühle Denkmal · Soldatenfriedhof		Lighthouse · Windmill Monument · Military cemetery
Ruine, frühgeschichtliche Stätte · Höhle Hotel, Gasthaus, Berghütte · Heilbad		Archaeological excavation, ruins · Cave Hotel, inn, refuge · Spa
Campingplatz · Jugendherberge Schwimmbad, Erlebnisbad, Strandbad · Golfplatz		Camping site · Youth hostel Swimming pool, leisure pool, beach · Golf-course
Botanischer Garten, sehenswerter Park · Zoologischer Garten		Botanical gardens, interesting park · Zoological garden
Bedeutendes Bauwerk · Bedeutendes Areal		Important building · Important area
Verkehrsflughafen · Regionalflughafen		Airport · Regional airport
Flugplatz · Segelflugplatz		Airfield · Gliding site
Boots- und Jachthafen		Marina

FÜR IHRE NÄCHSTE REISE ...

ALLE **MARCO POLO** REISEFÜHRER

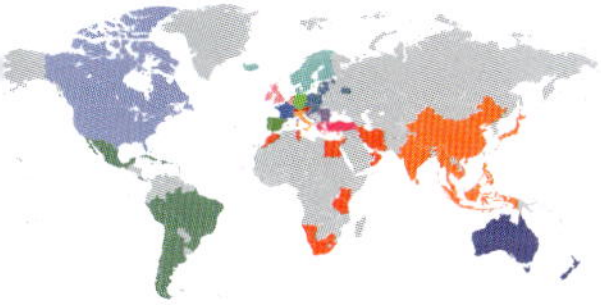

DEUTSCHLAND
Allgäu
Bayerischer Wald
Berlin
Bodensee
Chiemgau/ Berchtesgadener Land
Dresden/ Sächsische Schweiz
Düsseldorf
Eifel
Erzgebirge/ Vogtland
Föhr & Amrum
Franken
Frankfurt
Hamburg
Harz
Heidelberg
Köln
Lausitz/Spreewald/ Zittauer Gebirge
Leipzig
Lüneburger Heide/ Wendland
Mecklenburgische Seenplatte
Mosel
München
Nordseeküste Schleswig-Holstein
Oberbayern
Ostfriesische Inseln
Ostfriesland/Nordseeküste Niedersachsen/Helgoland
Ostseeküste Mecklenburg-Vorpommern
Ostseeküste Schleswig-Holstein
Pfalz
Potsdam
Rheingau/ Wiesbaden
Rügen/Hiddensee/ Stralsund
Ruhrgebiet
Schwarzwald
Stuttgart
Sylt
Thüringen
Usedom
Weimar

ÖSTERREICH SCHWEIZ
Kärnten
Österreich
Salzburger Land
Schweiz
Steiermark
Tessin
Tirol
Wien
Zürich

FRANKREICH
Bretagne
Burgund
Côte d'Azur/ Monaco
Elsass
Frankreich
Französische Atlantikküste
Korsika
Languedoc-Roussillon
Loire-Tal
Nizza/Antibes/ Cannes/Monaco
Normandie
Paris
Provence

ITALIEN MALTA
Apulien
Dolomiten
Elba/Toskanischer Archipel
Emilia-Romagna
Florenz
Gardasee
Golf von Neapel
Ischia
Italien
Italienische Adria
Italien Nord
Italien Süd
Kalabrien
Ligurien/ Cinque Terre
Mailand/ Lombardei
Malta & Gozo
Oberital. Seen
Piemont/Turin
Rom
Sardinien
Sizilien/ Liparische Inseln
Südtirol
Toskana
Venedig
Venetien & Friaul

SPANIEN PORTUGAL
Algarve
Andalusien
Azoren
Barcelona
Baskenland/ Bilbao
Costa Blanca
Costa Brava
Costa del Sol/ Granada
Fuerteventura
Gran Canaria
Ibiza/Formentera
Jakobsweg Spanien
La Gomera/ El Hierro
Lanzarote
La Palma
Lissabon
Madeira
Madrid
Mallorca
Menorca
Portugal
Spanien
Teneriffa

NORDEUROPA
Bornholm
Dänemark
Finnland
Island
Kopenhagen
Norwegen
Oslo
Schweden
Stockholm
Südschweden

WESTEUROPA BENELUX
Amsterdam
Brüssel
Cornwall & Devon
Dublin
Edinburgh
England
Flandern
Irland
Kanalinseln
London
Luxemburg
Niederlande
Niederländische Küste
Oxford
Schottland
Südengland

OSTEUROPA
Baltikum
Budapest
Danzig
Krakau
Masurische Seen
Moskau
Plattensee
Polen
Polnische Ostseeküste/ Danzig
Prag
Slowakei
St. Petersburg
Tallinn
Tschechien
Ungarn
Warschau

SÜDOSTEUROPA
Bulgarien
Bulgarische Schwarzmeerküste
Kroatische Küste Dalmatien
Kroatische Küste Istrien/Kvarner
Montenegro
Rumänien
Slowenien

GRIECHENLAND TÜRKEI ZYPERN
Athen
Chalkidikí/ Thessaloníki
Griechenland Festland
Griechische Inseln/ Ägäis
Istanbul
Korfu
Kos
Kreta
Peloponnes
Rhodos
Sámos
Santorin
Türkei
Türkische Südküste
Türkische Westküste
Zákinthos/Itháki/ Kefalloniá/Léfkas
Zypern

NORDAMERIKA
Chicago und die Großen Seen
Florida
Hawai'i
Kalifornien
Kanada
Kanada Ost
Kanada West
Las Vegas
Los Angeles
New York
San Francisco
USA
USA Ost
USA Südstaaten/ New Orleans
USA Südwest
USA West
Washington D.C.

MITTEL- UND SÜDAMERIKA
Argentinien
Brasilien
Chile
Costa Rica
Dominikanische Republik
Jamaika
Karibik/ Große Antillen
Karibik/ Kleine Antillen
Kuba
Mexiko
Peru & Bolivien
Yucatán

AFRIKA UND VORDERER ORIENT
Ägypten
Djerba/ Südtunesien
Dubai
Iran
Israel
Jordanien
Kapstadt/ Wine Lands/ Garden Route
Kapverdische Inseln
Kenia
Marokko
Marrakesch
Namibia
Oman
Rotes Meer & Sinai
Südafrika
Tansania/Sansibar
Tunesien
Vereinigte Arabische Emirate

ASIEN
Bali/Lombok/Gilis
Bangkok
China
Hongkong/Macau
Indien
Indien/Der Süden
Japan
Kambodscha
Ko Samui/ Ko Phangan
Krabi/ Ko Phi Phi/ Ko Lanta/Ko Jum
Malaysia
Myanmar
Nepal
Peking
Philippinen
Phuket
Shanghai
Singapur
Sri Lanka
Thailand
Tokio
Vietnam

INDISCHER OZEAN UND PAZIFIK
Australien
Malediven
Mauritius
Neuseeland
Seychellen

Viele MARCO POLO Reiseführer gibt es auch als eBook – und es kommen ständig neue dazu!
Checken Sie das aktuelle Angebot einfach auf: www.marcopolo.de/e-books

REGISTER

Im Register sind alle in diesem Reiseführer erwähnten Orte und Ausflugsziele unter ihrem französischen Namen verzeichnet. Gefettete Seitenzahlen verweisen auf den Haupteintrag.

SCHREIBEN SIE UNS!

Egal, was Ihnen Tolles im Urlaub begegnet oder Ihnen auf der Seele brennt, lassen Sie es uns wissen! Ob Lob, Kritik oder Ihr ganz persönlicher Tipp – die MARCO POLO Redaktion freut sich auf Ihre Infos.
Wir setzen alles dran, Ihnen möglichst aktuelle Informationen mit auf die Reise zu geben. Dennoch schleichen sich manchmal Fehler ein – trotz gründlicher Recherche unserer Autoren/innen. Sie haben sicherlich Verständnis, dass der Verlag dafür keine Haftung übernehmen kann.

MARCO POLO Redaktion
MAIRDUMONT
Postfach 31 51
73751 Ostfildern
info@marcopolo.de

IMPRESSUM
Titelbild: Niedermorschwihr (Schapowalow: O. Fantuz)
Fotos: P. Cames (19 o.); DuMont Bildarchiv: Kirchgessner (10, 11), Kirchner (111); Getty Images: S. Cordier (108/109), DaniloAndjus (3), JMPriaux (20/21), G. Pachantouris (88/89); huber-images: G. Croppi (62), S. Lubenow (30), T. Mackie (60/61), R. Schmid (5, 26/27, 54), R. Taylor (37), S. Wasek (12/13); laif: M. Dreysse (4 o., 32/33), M. Kirchgessner (Klappe l., Klappe r., 6, 31, 80, 87), Westrich (8); laif/hemis.fr: D. Bringard (4 u., 42, 65, 75, 83), S. Cordier (24, 114 u.), P. Escudero (29), R. Mattes (17, 40, 53, 68), B. Rieger (50/51, 73, 76/77, 115); laif/Le Figaro Magazine: Fautre (2), Martin (18 u.); laif/VU: J. M. Castro Prieto (7, 84, 100); Look: G. Bayerl (23), P. Koschel (104/105), D. Schönen (66/67), H. Wohner (19 u.); Look/SagaPhoto (56); Look/Travel Collection (107); mauritius images: R. Mattes (9), K. Neuner (14/15, 46); mauritius images/age (97); mauritius images/age fotostock/Facto Foto (112/113); mauritius images/Alamy (38/39, 124/125), S. French (28 l.), A. Hasson (30/31), A. Sorokopud (112); mauritius images/Foodanddrink-photos (28 r.); mauritius images/hifografik (78, 114 o.); mauritius images/imagebroker: W. Dieterich (18 o.), F. von Poser (113), J. Wackenhut (34); mauritius images/Per Karlsson, BKWine 2/Alamy (71); mauritius images/Photononstop: P. Deloche (18 M.); mauritius images/STOCKFOLIO®/Alamy (59); mauritius images/Westend61 (44/45); Schapowalow: O. Fantuz (1 o.); Schapowalow/4Corners: S. Wasek (102/103); M. Suhm (1 u.); vario images/Tetra Images (48)

15., aktualisierte Auflage 2018

Chefredaktion: Marion Zorn; Autor: Pascal Cames; Redaktion: Nikolai Michaelis; Verlagsredaktion: Lucas Forst-Gill, Susanne Heimburger, Tamara Hub, Johanna Jiranek, Nikolai Michaelis, Kristin Wittemann, Tim Wohlbold; Bildredaktion: Gabriele Forst, Stefanie Wiese; Kartografie Reiseatlas und Faltkarte: © MAIRDUMONT, Ostfildern
Gestaltung Cover, S. 1, Faltkartencover: Karl Anders – Studio für Brand Profiling, Hamburg
Gestaltung innen: milchhof:atelier, Berlin; Gestaltung S. 2/3, Erlebnistouren: Susan Chaaban Dipl.-Des. (FH)
Sprachführer: in Zusammenarbeit mit Ernst Klett Sprachen GmbH, Stuttgart, Redaktion PONS Wörterbücher

Printed in Italy

FSC www.fsc.org MIX Paper from responsible sources FSC® C015829

BLOSS NICHT

Auch im Elsass gibt es Dinge, die Sie besser vermeiden

„ZECKENKONTROLLE" VERGESSEN

Typisch für den Oberrhein sind Zecken *(tiques)*, die es auf Wiesen und im Wald gibt. Vorsicht ist immer geboten, wenn Sie durch die Natur streifen. An solchen Tagen ist eine „Zeckenkontrolle" nach der Dusche ratsam.

ZUR FALSCHEN ZEIT AUF DIE AUTOBAHN

Straßburg brummt. Jeden Morgen fahren Tausende Pendler aus dem Umland in die Stadt und stehen im Stau. Fahren Sie nach 9 Uhr oder, noch besser, gleich mit Zug, Tram oder Bus.

SORGLOS IM FALSCHEN STADTVIERTEL UNTERWEGS

Nicht nur Paris hat seine Probleme mit den *banlieues* (Vorstädten), sondern auch die beiden Großstädte Mulhouse und Straßburg. In Mulhouse sollten Sie als Tourist Bourtzwiller und Les Coteaux, in Straßburg Neuhof, Elsau und Cronenbourg meiden. Und auch das Auto dort nicht abstellen!

GLEICH AUF DEUTSCH LOSPLAPPERN

„Haben Sie noch einen Platz frei?", „Sprechen Sie Deutsch?" Wer im Elsass gleich auf Deutsch mit der Tür ins Haus fällt, verletzt den Anstand. Die Regeln sind einfach: Erst mal *bonjour* sagen und mit ein paar Brocken Französisch beginnen – der Rest ergibt sich meist von allein. Und auch wenn Sie sich zu Recht über etwas ärgern: Sprechen Sie nicht über anwesende Personen. Auch wenn diese erkennbar kein Deutsch sprechen – verstehen tun sie es meist doch.

ZU SCHNELL IN DIE ORTSCHAFTEN RASEN

Gerade die „Kuhdörfer" haben am Ortseingang Bodenwellen *(ralentisseurs)*, manchmal sogar mehrere hintereinander, und dann auch noch ziemlich hohe Exemplare davon. Wer mit 70 in den Ort brettert, rast in den Achsenbruch.

NACKT IN DIE SAUNA

Gar nicht ungezwungen-leger geht es in der Sauna zu. Die skandinavische Saunakultur findet in romanischen Ländern keinen Anklang. Darum: niemals nackt! When in Rome, do as the Romans do – diese Regel gilt erst recht in der Sauna.

SCHLECHT AUSGERÜSTET IN DIE BERGE

Auch bei scheinbar eindeutig schöner Wetterlage kann schnell ein Gewitter heraufziehen. Brechen Sie darum nur mit den üblichen Wanderutensilien in die Hochvogesen auf: warme Jacke, festes Schuhwerk, Regenschutz, Essen und Trinken, Handy sowie Karte oder Navi. Und auf keinen Fall bei Gewitter über die baumlosen Weiden der Vogesen wandern. Als höchster Punkt auf weiter Flur sind Sie dort für einen Blitzeinschlag prädestiniert.